Carsten Henn

111 Weine aus aller Welt, die man getrunken haben muss

Mit Fotografien von Tobias Fassbinder

111

emons:

Bibliografische Information der Deutschen Nationalbibliothek
Die Deutsche Nationalbibliothek verzeichnet diese Publikation in der Deutschen Nationalbibliografie; detaillierte bibliografische Daten sind im Internet über http://dnb.d-nb.de abrufbar.

MIX
Papier aus verantwortungsvollen Quellen
FSC® C083411
FSC www.fsc.org

Gestaltung: Eva Kraskes, nach einem Konzept von Lübbeke | Naumann | Thoben
Druck und Bindung: CPI – Clausen & Bosse, Leck
Printed in Germany 2021
ISBN 978-3-7408-0859-4

Vorwort

Unmöglich. Absolut unmöglich. Nur 111 Weine aus der ganzen Welt? Niemals! 1111? Reicht auch nicht. Dafür gibt es viel zu viele faszinierende Weine. Trotzdem habe ich dieses Buch mit großem Vergnügen und aus tiefster Überzeugung geschrieben. Wenn eine Aufgabe sowieso unmöglich ist, hat man jede Freiheit. Meine ist: absolute Subjektivität. Das sind meine persönlichen 111 Weine. Tropfen, die mir durch ihre Geschichte oder ihren Geschmack im Gedächtnis geblieben sind. Oberstes Gebot: keine Langeweile.

Ich erhebe keinen Anspruch auf Vollständigkeit. Dafür umso mehr auf größtmögliche Unvollständigkeit. Mit der muss man als Weingenießer leben, sonst wird man schier verrückt.

Dieses Buch will Ihnen den Mund wässrig machen für Entdeckungen abseits der Masse. Im besten Fall erzählt Wein von seiner Heimat, dem Jahr, in dem seine Trauben gewachsen sind, und der Philosophie seines Winzers. Solche Weine sind einmalig, jeder davon ist eine Entdeckung wert. 111 solcher Weine finden sich in diesem Buch. Von unter zehn Euro bis über hundert Euro. Manche werden Sie direkt einnehmen, andere werden Sie zuerst irritieren – wie auch mich. Aber wenn man einen Abend zusammen verbracht hat, versteht man sie.

Die Weinwelt dreht sich schnell. Gut möglich, dass ein Wein in diesem Buch einen neuen Namen erhalten hat, wenn Sie es lesen. Oder dass der Wein durch einen anderen ersetzt wurde. Kein Problem, denn viele Güter in diesem Buch haben noch weitere faszinierende Tropfen im Angebot. Manchmal habe ich einen Einstiegswein ausgewählt, mit tollem Preis-Genuss-Verhältnis, oder weil er charmant in eine neue Weinregion einführt, manchmal auch den ikonischen Wein, die Legende. Werden Sie zum Trüffel- beziehungsweise Traubenschwein. Schon die Suche ist Teil der Freude. Und sie hört nie auf.

Mit weinseligen Grüßen
Carsten Henn

111 Weine aus aller Welt

Frankreich

Georgien

Griechenland

Großbritannien

Israel

Italien

Ungarn

USA

Zypern

Legende

€	bis 15 Euro
€€	15–25 Euro
€€€	25–50 Euro
€€€€	50–75 Euro
€€€€€	über 75 Euro

Aufgrund von schwankenden Wechselkursen, Preiserhöhungen bei den Gütern und unterschiedlichen Margen bei Händlern sind dies nur ungefähre Einordnungen.

1_Dänen lügen nicht

J. Alberto

Argentinien ist eines der faszinierendsten Weinländer. Hier finden sich die südlichsten Weingärten des Planeten wie auch einige der höchstgelegenen Weinberge. Weinbau wird auf einer Länge von sagenhaften 1.750 Kilometern betrieben. Argentinien ist auch eines der größten Weinbauländer der Welt, konstant in den Top Ten. Seit dem 16. Jahrhundert wird Weinbau betrieben, am bekanntesten ist das Land für seine Region Mendoza und Rotweine aus der Malbec-Traube.

Die meisten Malbec-Weine sind leider breit, überholzt, alkoholisch und marmeladig. Viele Genießer sehnen sich nach Weinen mit mehr Trinkfluss und Balance.

Im kühleren Patagonien ist das möglich, und in der Region Rio Negro arbeitet einer der ungewöhnlichsten Winzer des Landes. Der Däne Hans Vinding-Diers, Cousin von Kult-Winzer Peter Sisseck (Pingus), weitgereist in der Welt des Weins. Er fand einen 90 Jahre alten Weinberg mit wurzelechten Malbec-Rebstöcken und rekultivierte ihn. Die Reblaus hat es nie hierhin geschafft, die Temperatur ist kühler als sonst in Argentinien und die Temperaturschwankungen zwischen Tag und Nacht sind groß: beste Voraussetzungen für große Weine.

Der »J. Alberto« stammt nicht vom ältesten Weinberg des Gutes, mit dem die Geschichte begann (und dessen Trauben für den teuren Spitzenwein Verwendung finden), sondern von einem etwas jüngeren. Gepflanzt wurden die vier Hektar 1955, sie sind ebenfalls wurzelecht. Die 95 Prozent Malbec und fünf Prozent Merlot werden biologisch bewirtschaftet. Da die Region eine Wüste ist, durch die ein Fluss fließt, müssen die Rebstöcke bewässert werden. Das passiert viermal im Jahr per Flutung über fast 200 Jahre alte Kanäle mit klarem Wasser des Rio Negro. Das Ergebnis ist ein unfiltrierter und ungeschönter Malbec, wie Sie ihn noch nie getrunken haben: kühl würzig-pfeffrig, mit herrlich klarer Kirschfrucht und reifer Pflaume.

---

bodeganoemia.com | Shop www.weinamlimit.de | €€€

J ALBERTO
MALBEC
BODEGA
NOEMÍA
PATAGONIA

2 Ex-Sauternes

Noble One

Ursprünglich hieß dieser Wein ganz anders, nämlich »Sauternes«. Das beschrieb exakt, wie er schmeckt, nämlich so, als stamme er aus der legendären französischen Süßweinregion gleichen Namens im Bordelais, der Heimat des mythischen Château d'Yquem. Den Winzern der Grand Nation gefiel das verständlicherweise überhaupt nicht, weshalb es ab 1990 auf Grundlage eines Abkommens mit der Europäischen Union nicht mehr erlaubt war. Das Gleiche gilt für Australiens berühmtesten Wein, den Grange, der bis zum 1989er Jahrgang Grange Hermitage hieß und damit auf eine Region der Nord-Rhône anspielte. Die dort populäre Rebsorte Syrah war in Australien lange Zeit als Hermitage bekannt.

Der »Noble One« ist Australiens berühmtester Süßwein – und für seine Berühmtheit regelrecht preiswert. Für eine Legende gibt es ihn erst relativ kurz: 1982 wurde er von Darren De Bortoli geschaffen. Damals gab es in Australien viel Sémillon, den die Winzer nicht verkauft bekamen. De Bortoli nahm sich das Sauternes zum Vorbild, wo mit Sémillon und Sauvignon Blanc Süßweine erzeugt wurden – und zwar meist, wenn die Trauben mit der Edelfäule Botrytis befallen sind, einem Pilz. Im Englischen ist er auch bekannt als »Noble Rot«, daher der Name. Der »Noble One« wird genau wie seine französischen Pendants hergestellt, also ausgebaut in neuen französischen Eichenfässern, in diesem Fall für rund ein Jahr. Die Trauben stammen aus der Region Riverina, typisch australisch gibt es aber keinen speziellen Weinberg, sondern mehrere. Ziel ist in jedem Jahr die höchstmögliche Qualität, regionale Herkunft ist nicht das Thema – sie wird vom Einfluss der Edelfäule allerdings ohnehin nivelliert.

Der goldgelbe, rebsortenreine Sémillon ist einer der am häufigsten ausgezeichneten Weine Australiens und duftet nach Melone, Honig, reifer Aprikose und köstlicher Vanille. Leicht gekühlt genießen! Hält sich locker 20 Jahre.

www.debortoli.com.au | €€

2013
– VINTAGE –
DE BORTOLI
NOBLE ONE
Botrytis Semillon
WINE OF AUSTRALIA

3 Schwarzwälder Kirsch

Vixen

Rote Schaumweine sind ein Problem. Kohlensäure und Gerbstoffe vertragen sich nicht, letztere wirken dann brutal hart. Reduziert man die Gerbstoffe allerdings, geht das Typische eines Rotweins flöten, und das Ganze schmeckt wie ein Rosé. In den meisten Fällen schmeckt es allerdings überhaupt nicht.

Der »Vixen« ist eine der wenigen Ausnahmen. Oder besser: die »Vixen«, denn übersetzt bedeutet der Name »Füchsin«. Der Grund, warum dieser rote Prickler funktioniert: Er ist eine hedonistische Fruchtexplosion. Das Weingut selbst beschreibt ihn als flüssige Schwarzwälder Kirschtorte. Das trifft es sehr gut, denn Kirschen und Schokolade finden sich im Bouquet, am Gaumen ist der fast schwarze Sparkling cremig und rund, auch Alkohol hat er nicht zu knapp (meist um die 13,5 Prozent). Noch dazu ist er demi-sec, also halbtrocken, was bei Sparklings mehr Restzucker bedeutet als bei Stillweinen. Mich erinnert er manchmal auch an einen Kir Royal, wegen seiner starken Johannisbeernoten – aber auch Himbeeren finden sich.

1997 wurde »Vixen« zum ersten Mal erzeugt. Auf dem Etikett ist kein Jahrgang angegeben, denn es handelt sich um einen Verschnitt mehrerer Jahrgänge. Ebenfalls vermählt werden mehrere Rebsorten: Shiraz, Cabernet Sauvignon und Cabernet Franc. Wobei Shiraz deutlich den größten Anteil stellt und zentral für die Fruchtnoten sorgt. Gefolgt von Cabernet Sauvignon, der Gerbstoffe beisteuert, und Cabernet Franc, dem der Sparkling seine Kräuternoten verdankt.

Es ist ein echter Spaßwein, ideal für Partys, wo er fast mit Garantie für ein Aha-Erlebnis sorgen wird. Ideal als Aperitif und zu Schokoladendesserts. Auch zu Wildgerichten kann er gut funktionieren, aber dann sollte man nicht bloß mit dieser Aromenbombe kochen, sondern geschmacklich auch auf sie hin. Ihn zu lagern, macht wenig Sinn, denn er sollte in den ersten drei Jahren getrunken werden. Und eigentlich gilt: je früher, desto wow!

www.foxcreekwines.com | €€

FOX CREEK
Vixen
SPARKLING SHIRAZ CABERNET SAUVIGNON CABERNET

4 Urgroßvater Shiraz

1843 Freedom Shiraz

Die Syrah-Traube ist eine der großen Rebsorten Frankreichs, ihr Ursprung wird im Tal der Rhône vermutet, wo sie für einige der größten Rotweine der Welt verantwortlich ist. Aber ihre heutige Position als Megastar der Weinwelt verdankt sie einem Land am anderen Ende der Welt: Australien. Nach Frankreich stehen dort heute die meisten Syrah-Trauben. Oder wie sie down under heißen: Shiraz.

Die berühmteste Region des Kontinents ist das Barossa Valley im Süden, nahe der Millionenstadt Adelaide. Den Wein brachten rund 500 preußische Familien hierher, dies sich um 1840 in der Region ansiedelten. Sie flohen aus Preußen vor Verfolgung und Krieg und fanden religiöse Freiheit in Australien. Deshalb der Name dieses Weins: Freedom.

Die Geschichte der Langmeil Winery ist eng mit diesem historischen Ereignis verbunden, genauer mit dem Schmied Christian Auricht, dessen Familie das Anwesen bewirtschaftete und 1843 einen Shiraz-Weinberg anlegte – von dem der bemerkenswerte Freedom Shiraz stammt. Die Weinkellerei wurde 1932 von Enkelsohn Theodor Hanisch errichtet. Viel älter als diese Parzelle kann also kaum etwas im Barossa-Tal sein. Ja, es ist vielleicht sogar der älteste Shiraz-Weinberg der Welt – Frankreich eingeschlossen. Denn im Gegensatz zum Tal der Rhône kam die Reblaus nie hierhin und verwüstete keine Weinberge. Wobei es sich im Barossa-Tal – so auch beim Freedom Shiraz – häufig um Flachlagen handelt.

Die alten, knorzigen Stöcke stehen weit auseinander und ergeben ein konzentriertes Elixier mit irre reifer Frucht und viel Alkohol. Brombeere und Pflaume sind zu riechen, aber auch Zedernholz und Mokka.

Die Trauben werden ganz traditionell mit einer Korbpresse verarbeitet, zwei Jahre in französischen Holzfässern ausgebaut, und der Wein wird ungeschönt und unfiltriert abgefüllt. Kurz gesagt: Die alten Rebstöcke werden mit allem nötigen Respekt behandelt!

www.langmeilwinery.com.au | Shop www.vineshop24.de | €€€€

Langmeil
BAROSSA
THE FREEDOM 1843
2015 SHIRAZ
Langmeil is home to The Freedom Shiraz, believed to be planted in 1843 by vigneron Christian Auricht. Escaping war and persecution in Prussia, Auricht travelled to his new homeland, finding freedom in the Barossa Valley. The original plantings still survive and are some of the oldest and rarest vines in the world.
VINE AGE
GREATER THAN 125 YEARS OF AGE
Ancestor Vine
BAROSSA OLD VINE CHARTER

5__Noch ganz dicht

Pinot Noir »Close Planted«

Enge klingt nicht nach einem Qualitätsmerkmal. Wer Enge erlebt, kann sich Weite nicht leisten. Aber was bei Hotelzimmern ein Nachteil ist, muss es bei Weinbergen nicht sein. Ganz im Gegenteil. »Die Rebe muss leiden, um gute Weine zu ergeben« lautet eine alte Winzerweisheit. Man darf es ihr nicht zu bequem machen. Findet sie alles, was sie braucht, an der Oberfläche, wird sie nicht tief wurzeln – deswegen ist Düngung problematisch. Dasselbe gilt für die Stockdichte: Stehen die Reben weit auseinander, gibt es kaum Wettbewerb und die Wurzeln reichen nicht tief. Stehen sie dagegen eng beieinander, sieht es anders aus.

Der bärtige Württemberger Timo Mayer weiß das. Seine Familie hat in der alten Heimat übrigens über 400 Jahre lang Wein produziert. 1987 verließ er die Heimat und legte 2000, nach vielen Wanderjahren, seinen ersten Weinberg am anderen Ende der Welt an. Er taufte ihn »Bloody Hill«, weil er so viel Arbeit in das steile Stück stecken musste. Im australischen Yarra Valley, in der Nähe der isoliertesten Millionenstadt der Welt, Perth, erzeugt er unter anderem einen der großartigsten Pinot Noirs des Kontinents. Von einem Weinberg mit rund 12.000 Rebstöcken auf dem Hektar. Ein Wein, der das kühle Klima der Region widerspiegelt, zum Teil erzeugt mittels »Whole Bunch Fermentation«, also mit Stiel und Stängel vergoren, nicht abgebeert. Im Burgund eine bekannte Technik, in Australien nicht, wo Mayers Ansatz einen Trend auslöste.

Vergessen Sie alles, was sie über australische Pinots wissen. Mayers Wein ist leicht im Alkohol, recht hell und frisch. Er ist pfeffrig-ätherisch und schmeckt ungestüm. Der Wein wird spontan vergoren, in gebrauchten Barriques ausgebaut, ist unfiltriert, ungeschönt und nur mit wenig Schwefel versehen.

Nach Abfüllung braucht er ein paar Jahre Reife – und, wenn er getrunken werden soll, etwas Luft. Und bloß nicht zu warm genießen!

---

www.timomayer.com.au | Shop www.weinhalle.de | €€€

Mayer
Yarra Valley
Syrah
Mayer
Yarra Valley
Syrah

6 Unbekannte Legende

Sémillon »Vat 1«

Ich hatte das Glück, in Adelaide/Australien Weinbau studieren und nebenbei die großartigen Weine des Kontinents kennenlernen zu dürfen. Einer ist dort eine echte Legende, in Europa aber nahezu unbekannt: »Aged Hunter Valley Sémillon«. Sémillon ist fraglos die unbekannteste unter den weltbekannten Rebsorten. Als Cuvée-Partner des Sauvignon Blanc, mit dem die alte französische Rebsorte nah verwandt ist, kennt man sie von edelsüßen wie trockenen Bordeaux oder aus der Weinbauregion Sud-Ouest. Rebsortenrein findet man sie dagegen selten. Am anderen Ende der Welt zeigen Weingüter im Hunter Valley in der Nähe von Sidney (okay, 120 Kilometer entfernt, aber das ist für Australien »um die Ecke«), was den Europäern entgeht.

Tyrrell's Wines ist eines der berühmtesten Güter der Region und ihr »Vat 1« eine Legende. Und es ist ein ungemein eigenständiger Wein: Die Trauben stammen von den besten Weinbergen, im Jahr 1923 mit Reben besteckt. Sie stehen auf sandigem Boden und werden nicht bewässert. Die Trauben werden in den frühen Morgenstunden gelesen, um Frische und Frucht zu erhalten, dann vorsichtig abgepresst, der Wein verbleibt nach der kühlen Vergärung nur kurz auf der Hefe und sieht kein Holz. Dazu kommt, dass der Wein nur sehr wenig Alkohol aufweist, in der Regel um elf Prozent. Im Ergebnis würden nur wenige darauf tippen, dass so etwas reifen kann. Aber genau das kann es, und wie! Nach zehn Jahren fängt dieser fantastische Sémillon an, sich zu öffnen, mit zwanzig hat er sich entfaltet, und danach dauert es lange, bis er abbaut. In den ersten Jahren duftet er nach Birnen, Zitrusfrüchten, etwas Pfeffer und Honig. Am Gaumen aufgrund der herrlichen Säure fast wie ein Sorbet.

Mit der Reife wird alles immer komplexer: Zitronencreme, gebutterter Toast, Kerzenwachs und Limettenschale. Reife und Jugendlichkeit finden sich gleichermaßen in diesem großartigen Wein.

www.tyrrells.com.au | Shop www.brogsitter.de | €€€

AUSTRALIAN FAMILY OWNED SINCE 1858
TYRRELL'S WINES
EST 1858
NIL MAGNUM NISI BONUM
Vat 1
Hunter Semillon
750mL

7 Meine Tasse Tee

Botanicals of the Basket Range

Vielleicht ist dies der verrückteste Wein im ganzen Buch. Er stammt aber auch von einem der verrücktesten Weingüter, das nicht umsonst als »Rockstar-Winery« bezeichnet wird. Das Logo soll ein Labyrinth von Geschmack, Textur und Gefühl darstellen – die drei Komponenten, die in den Weinen nachgebildet werden sollen.

All das ist dem Geist des leider viel zu früh verstorbenen Taras Ochota (Surfer und Bassist in diversen Punkbands, aber auch Flying Winemaker in Italien) und seiner Frau Amber entsprungen. Bei den Weinen des Gutes geht es um Naturbelassenheit und Spaß. Wenig Intervention, wenig Holz, wenig Schwefel, Weinmachen ohne Scheuklappen, aber durch und durch natürlich. Die Trauben kommen aus den Gebieten Adelaide Hills, McLaren Vale und Barossa Valley, vor allem von alten Weinbergen.

Jetzt aber zum verrücktesten Wein der Ochotas. Wermut ist ein aufgespriteter Wein, der mit Gewürzen und Kräutern (darunter das namengebende bittere Wermutkraut) aromatisiert ist. Wie aber nennt man einen Wein, der nicht aufgespritet ist und mit allen möglichen Kräutern aromatisiert wurde? Antwort: Ochota nennt ihn »Botanicals of the Basket Range«. Ein Experiment. Hergestellt in mikroskopischer Menge. Es ist schwer, überhaupt an eine Buddel zu kommen – obwohl der Preis nicht exorbitant ist. Die Kräuter stammen aus dem Hausweinberg, darunter Kamille, Lavendel, Salbei, Minze, Eisenkraut, Thymian, Rosenblätter, Rosmarin, Holunderblüten, Ringelblume und Wermut. Sie werden in einer Art großem Teebeutel in den Wein gegeben.

Warum ich keine Rebsorte nenne? Weil alle Rebsorten und alle Regionen von Ochota Barrels drin sind, die zusammen in einem Beton-Ei namens »Egg69« vergoren werden. Das Ergebnis, das man kalt genießen sollte, schmeckt wie ein fremdartiger Kräutertee oder ein würziges Gesundheitsgetränk. Kurz gesagt: wie nichts anderes in der ganzen Weinwelt.

www.ochotabarrels.com | €€€

botanicals

8 Morgennebel

Pinot Noir »Ocio«

Casablanca. Nicht das in Marokko, wo Humphrey Bogart mit Ingrid Bergman flirtete, sondern das in Chile. Und im Casablanca Valley wächst einer der ungewöhnlichsten und besten Weine des Landes, das vor allem für seine Cabernet Sauvignons weltberühmt ist. Im kühleren Casablanca Valley wachsen aber vor allem Weißweine, wie Chardonnay und Sauvignon Blanc. Die am häufigsten angepflanzte rote Rebsorte hat es ebenfalls gern kühl: Pinot Noir. Erst seit Mitte der 1980er Jahre wird hier Wein angebaut, als die chilenische Weinindustrie wieder auf die Füße kam. Obwohl das Tal näher am Äquator liegt als jede europäische Region, ist Weinbau möglich – aufgrund des Einflusses des Pazifiks, in Form von Morgennebel und einer dichteren Wolkendecke als sonst irgendwo im Norden Chiles.

Cono Sur ist ein echter Pinot-Noir-Spezialist. Mit dem »20 Barrels« schufen sie einst Chiles ersten Premium-Pinot-Noir. Und dann wollten sie noch eins draufsetzen: Ultra-Premium. Dafür holten sie sich Hilfe aus der Kult-Region dieser Rebsorte: dem Burgund. Und zwar niemand Geringeren als Martin Prieur von der legendären Domaine Jacques Prieur. Und sie packten das, wie es bei den reichen Gütern der Neuen Weinwelt üblich ist, gleich richtig an und bauten mit Prieurs Hilfe ein ganzes Weingut nur für die Rebsorte.

Man merkt dem Wein an, wie viel Nachdenken und Mühe hineingeflossen sind, so perfekt wirkt er. Der Ocio ist stilistisch ein Franzose, verrät nur durch seine perfekte Reife und einen Tick mehr Alkohol seine Heimat. In Blindproben geht der Wein mit dem betörenden Duft von roten Waldbeeren, Kirschen und feinen Tabaknoten sowie einem Hauch Gewürze regelmäßig als Europäer durch. Er ist komplex, lang und vereint Dichte und Leichtigkeit.

Ocio bedeutet übrigens Muße. Die sollte man sich beim Genuss dieses beeindruckenden Tropfens nehmen. Wer Pinot Noir liebt, muss diesen Wein einfach probieren!

www.conosur.com | €€€

PINOT NOIR
O(IO
Cono Sur
CHILE D.O VALLE DE CASABLANCA
WINEMAKERS

9 Gib mich die Kirsche

Reserve

Gerade einmal knapp 60.000 Einwohner leben auf Lolland, der drittgrößten dänischen Ostseeinsel. Ursprünglich hieß sie Laaland, was Wasserland bedeutet. 2006 begann hier das Abenteuer, den besten Kirschwein der Welt zu erzeugen, in einem Anwesen, das schon seit 1756 existiert. Kirschlikör ist weit verbreitet in Dänemark, aber Kirschwein wird nirgendwo anders als auf Frederiksdal so produziert, als sei er ein edler Wein aus Trauben. Weltweit nicht.

Das Geheimnis der Qualität ist die seltene Stevnsbær-Kirsche, auch bekannt als »Traube des Nordens«. Sie ist sehr dunkel, klein, dickschalig – und nicht für den direkten Verzehr geeignet. Außerdem schwankt sie stark im Ertrag und ist aufwendig zu ernten. Kein Wunder, dass sie kaum noch angebaut wird. Auf Lolland findet sie allerdings perfekte Bedingungen, kann lange reifen und komplexe Aromen bilden.

Beim »Reserve« ist kein Jahrgang auf dem Etikett verzeichnet, denn er ist eine Cuvée aus verschiedenen Jahren. Früher stammten die Kirschen allesamt von den ältesten Bäumen des Obstgartens Nielstrupmark. Als sie ein gutes Vierteljahrhundert alt waren, wurden sie gefällt und neue gesetzt. Aber weiterhin werden nur sehr reife Kirschen für diesen Wein verwendet. Vergoren werden sie mit wilden Hefen. Danach wird der Wein in französischen Eichenfässern gelagert, bis zu 30 Monate. Als kleinen Aromen-Push erhält der Reserve auch etwas vom hauseigenen Kirschdestillat – was auch den stolzen Alkoholgehalt von rund 15 Umdrehungen erklärt. Am ehesten ist der köstliche und überraschend finessenreiche Wein (bei zehn bis zwölf Grad genießen) mit einem nicht ganz so süßen Port vergleichbar. Er duftet und schmeckt neben Kirschen nach Kaffee und Schokolade. Einmal offen, hält er gekühlt mehrere Monate. Und wer nicht genug von Kirschen bekommen kann: Frederiksdal produziert auch einen Sekt und einen »Rancio« im Stil eines Banyuls.

www.frederiksdal.com | €€€

FREDERIKSDAL
VIN AF KIRSEBÆR
RESERVE
LOT NO 17-10 / HARPELUNDE
LOLLAND DANMARK

10__Geht steil!

Bremmer Calmont Riesling Kabinett

Der Bremmer Calmont ist der steilste Weinberg Deutschlands. Oder Europas. Oder der Welt. Jede Version findet sich irgendwo. So ganz genau weiß es keiner und wird es wohl auch nie einer wissen. Das Problem mit Weinbergen ist halt, dass sie nicht auf der ganzen Fläche einheitlich steil sind. Also den Mittelwert bilden? Auf Basis welcher Zahlen? Die liegen natürlich nicht für jeden Quadratmeter vor. Bei manchen Weinbergen ist die exakte Steilheit überhaupt nicht erfasst, sondern wird nur Pi mal Daumen geschätzt.

Der prachtvolle Bremmer Calmont ist rund 33 Hektar groß und in einem Bogen nach Südosten, Süden und Südwesten ausgerichtet. Seine Neigung beträgt bis zu 68 Grad. Zum Vergleich: Der Bühlertaler Engelsfelsen in der Ortenau ist bis zu 75 Grad steil.

Warum habe ich trotzdem einen Wein vom Calmont gewählt? Weil am Engelsfelsen kaum noch Weinbau betrieben wird und die Moselregion das größte Steillagenweinbaugebiet der Welt ist. Und weil einem der Atem stockt, wenn man vor dem Calmont steht, so hoch geht es hinauf, stolze 300 Meter. Das schützt das Tal vor kalten Winden. Von ganz oben stammt der saftige Riesling Kabinett der Franzens, wo er auf mineralischem Schiefer mit Quarzit und Sandstein wächst. Trotz seiner Leichtigkeit trägt der balanciert fruchtsüße (manchmal auch feinherb ausfallende) Wein die Kraft und die sommerlichen Temperaturen der legendären Lage in sich.

So dramatisch die Lage, so dramatisch die Geschichte des Weingutes. Durch einen tragischen Unfall verlor Kilian Franzen mit Anfang 20 seinen Vater. Von heute auf morgen stand ein fast zehn Hektar großes Weingut vor ihm und seiner damaligen Lebensgefährtin und heutigen Frau Angelina. 80-Stunden-Wochen, eine erste Ernte, die verfault, und zahlreiche Erdrutsche setzen ihnen zu. Sie schrieben ein Buch über das Abenteuer ihres Lebens: »Der Sommer war sehr groß«. Benannt nach einer Zeile aus Rainer Maria Rilkes berühmtem Gedicht »Herbsttag«.

www.weingut-franzen.de | €

FRANZEN
MOSEL
Bremmer
Calmont
Riesling
Kabinett

11 Der älteste Weinberg

Gewürztraminer »Der Älteste«

Man sieht den rund 300 knorrigen, steinharten und niedrigen Gewürztraminer-Reben am östlichen Ortsrand von Rhodt unter Rietburg (Südpfalz) an, dass sie alt sind. Aber nicht wie unfassbar alt. Sie bilden nämlich den ältesten Weinberg der Welt, so dokumentieren es die Kirchenbücher. Schon vor dem Dreißigjährigen Krieg (1618–1648) wurden sie in der Lage »Rhodter Rosengarten« auf 600 Quadratmetern gepflanzt. Seit 1968 stehen sie unter Naturschutz. Natürlich sind nicht alle Stöcke über 400 Jahre alt, mit der Zeit wurden Reben ersetzt (zum Teil durch Weißburgunder oder Silvaner). Kein alter Wingert hat ein gleichmäßiges Alter.

Das Weingut Oberhofer aus Edesheim hat sich den Zeitzeugen angenommen, die auf einem Kalkmergelboden wachsen, der von Löss und Lehm durchzogen ist. Und man muss wirklich »angenommen« sagen, denn der Ertrag ist winzig, manchmal gibt es gar Komplettausfälle, und nichts kann traditionell in Eichenfässern ausgebaut werden. Der Jahrgang 2018 ergab gerade einmal 121 Flaschen à 0,375 Liter. Das erklärt auch den hohen Preis für eine Flasche dieser flüssigen und köstlich süßen Geschichte, die verführerisch nach Rosen duftet – passend zum Lagennamen. Viel Mühe hat man sich mit der Verpackung gegeben, die ein echtes Kunstwerk ist. Die Weinflasche wird von vier Lagen ungestrichenen Naturpapiers umschlossen. Vier Lagen für vier Jahrhunderte und die vier Elemente des Weinbaus: Pflanze, Boden, Wasser und Sonne. Beim Ausklappen der Papierlagen erscheint die Flasche, ruhend auf einem Eichenholzsockel.

Rhodt unter Rietburg hat noch eine weitere vinologische Besonderheit: die wunderschöne Tausend-Seelen-Gemeinde (80 Prozent der Gebäude stehen unter Denkmalschutz!) ist Ursprungsort der seltenen Rebsorte Savagnin Rose, auch als Rosa Traminer bekannt.

Weinbau wurde hier übrigens schon lange vor dem Dreißigjährigen Krieg betrieben, vermutlich seit der Römerzeit.

www.weingutoberhofer.de | €€€€€

OBERHOFER
RHODTER
OBERHOFER

12_Alpines Vergnügen

Argile Rouge

Früher gab es in Savoyen 20.000 Hektar Rebfläche – heute sind es nur noch gut 2.500. Damit ist es eines der kleinsten Weinbaugebiete Frankreichs. Das, was produziert wird, trinken die Menschen der Region und die Touristen, die vor allem im Winter zum Skifahren, aber auch im Sommer zum Wandern kommen. Das meiste ist belanglos und billig. Außerhalb Frankreichs kennt deshalb kaum jemand die Weine, bis auf wenige Weinfreaks, die um die wenigen Spitzenwinzer wissen. Denn hier wächst wirklich Originäres, was an der alpinen Lage, aber auch an den Böden liegt. Und Punkt drei: die einheimischen Rebsorten. Die Königin der Region heißt Jacquère, gut 1.000 Hektar sind damit bepflanzt. Bekannt ist sie für blumige Noten, aber auch für ihren typischen Feuersteingeschmack.

Die Domaine des Ardoisières stellt aus ihr, Chardonnay und Mondeuse Blanche, eine köstliche Cuvée her. Aber hier soll es um deren rotes Pendant gehen, das sogar noch ungewöhnlicher ist. Vermählt wird dafür die aus dem Beaujolais bekannte Gamay-Traube (65 Prozent) mit Mondeuse Noire (25 Prozent), auch einfach nur als Mondeuse bekannt, und Persan (10 Prozent) - beides alte autochthone Rebsorten der Region. Die Trauben werden mit Rappen spontan drei Wochen lang vergoren, und reifen nach der malolaktischen Gärung neun Monate im Holzfuder. Auch wenn Gamay die große Rebsorte des Beaujolais ist, schmeckt dieser Wein anders als alles von dort. Zum einen sind da wunderbare Fruchtnoten wie Johannisbeeren und Sauerkirschen, zum anderen herrlich würzige Aromen von Pfeffer, Anis und Veilchen. Dazu kommen noch eine erfrischende Säure und eine beeindruckende Geradlinigkeit. Das besondere Geheimnis: In den terrassierten Weinbergs-Parzellen finden sich Schiefer und Kalk. Eine Verbindung, die sehr selten anzutreffen ist. Der Wein ist so köstlich, dass man direkt alle Flaschen leeren will, dabei reift der Argile Rouge extrem gut.

www.domaine-des-ardoisieres.fr | Shop www.pinard-de-picard.de | €€

Domaine des Ardoisières
Argile Rouge
IGP Vin des Allobroges
Vin en conversion biologique
Mis en bouteille par B. Omont - Vigneron
Produit de France
75 cl
73250 FRETERIVE
11,5%Vol.

13 Drei Schnüre

Comme Autrefois

Falls Sie Champagner-Fan sind und denken, schon alle Spielarten verkostet zu haben, könnte dieser Champagner Sie trotzdem überraschen. Er heißt »Comme Autrefois«, was übersetzt »wie einst« bedeutet, denn so wird er hergestellt. Die Trauben werden biodynamisch erzeugt, der Wein nicht im Stahltank, wie in der Champagne üblich, sondern in Holzfässern ausgebaut – und dadurch leicht oxidativ. Das Ungewöhnliche kommt aber erst noch: Für die zweite Gärung der klassischen Champagner-Methode erhalten die Flaschen normalerweise einen Kronkorken. Nicht so bei Françoise Bedel. 1735 wurde einst eine andere Technik erlaubt, bei der ein Korken mit drei Schnüren am Flaschenhals befestigt wird. Eine viel aufwendigere Technik, die zur Folge hat, dass es im Gegensatz zum Kronkorken einen minimalen Luftkontakt gibt. Fachbegriff: Mikrooxidation. Beim »Comme Autrefois« über eine sehr lange Zeit. Der 2004er war zum Beispiel elf Jahre auf der Hefe, der 2005er sogar 14. Und als wäre das noch nicht ungewöhnlich genug, spielt jene der drei bedeutenden Rebsorten die erste Geige, die sonst immer nur die dritte spielt: Pinot Meunier, auch bekannt als Müllerrebe oder Schwarzriesling (obwohl nicht verwandt mit dem Riesling). Dazu kommen Chardonnay und nur wenig Pinot Noir.

Erwarten Sie keinen Sherry, die oxidativen Noten sind vorhanden, aber hochfein, dazu dunkel geröstetes Graubrot, gute Butter, Raucharomen – und am Gaumen ist er weinig-seidig mit viel Kraft. Ein Champagner, der als Essensbegleiter herausragend funktioniert.

Das Gut, das diesen großartigen Schaumwein produziert, liegt nur eine gute Autostunde von Paris entfernt. 8,5 Hektar groß, biodynamisch zertifiziert, verarbeitet wird nur eigenes Lesegut, und die Flaschen werden tatsächlich noch per Hand gerüttelt und nicht, wie mittlerweile üblich, per Gyropalette in käfigartigen Metallrahmen. Ein Blick zurück in die Historie des Champagners – und vielleicht in einen Stil seiner Zukunft.

www.champagne-bedel.fr | Shop www.passion-vin.de | €€€€€

HAMPAGN
Comme
AUTREFOIS
Françoise Bedel
PROPRIÉTAIRE RÉCOLTANT

14_Gereift im Steinbruch

Grand Mont

Bei der Loire denkt man direkt an die großartigen Schlösser, denn nirgendwo in Europa gibt es so viele auf so engem Raum, mehr als 400. Erbaut worden sind die Prachtbauten auch mit Tuffstein, der in unterirdischen Steinbrüchen abgebaut wurde, den sogenannten Perrières. Manche Gebiete der hügeligen Landschaft sind löchrig wie Schweizer Käse. Später wurden in einigen der großen Höhlen Pilze gezüchtet, wie zum Beispiel die »Perrières de Grand Mont«, die heute ein wahres unterirdisches Labyrinth sind, das mehrere Loire-Winzer gemeinsam als Weinkeller nutzen, denn dafür eignen sie sich mit ihrer kühlen, feuchten Atmosphäre geradezu ideal.

Zu den Gütern zählt auch die Domaine du Bel Air der Familie Gauthier aus Benais in der Appellation Bourgueil. Ein echtes Familien-Weingut, das auf seinen 20 Hektar praktisch ausschließlich Cabernet Franc anbaut. Wer die Rebsorte bisher nur als Juniorpartner in Bordeaux-Blends kannte, wird überrascht und begeistert sein, was sie in der für sie weltweit wichtigsten Region zustande bringt. Cabernet Franc ergibt im Idealfall Weine wie den nach dem Steinbruch benannten »Grand Mont«: ein Rotwein vom Top-Terroir, der gleichermaßen schlank und frisch wie komplex und elegant ist. So wie Bordeaux einst schmeckte! Die Trauben des »Grand Mont« stammen von Rebstöcken mit einem Durchschnittsalter von 70 Jahren und duften nach Heidelbeeren, Veilchen, süßen Gewürzen, Zedern und Pfeffer. 24 Monate reifte der Wein in Eichenholzfässern im »Grand Mont«, dann wurde er unfiltriert abgefüllt.

Lange galten Cabernet Francs der Loire in der Weinszene als zu leicht, zu filigran, weil Weinpapst Robert Parker einen hochreifen, alkoholischen und holzbetonten Stil proklamierte. Seit einiger Zeit hat sich das Blatt gewendet, und man schätzt wieder die kühl-eleganten Rotweine der Loire – wie diesen fantastischen Höhlenwein.

www.domainedubelair-bourgueil.fr | €€€

DOMAINE DU BEL AIR
"Grand-Mont"
2016
Bourgueil
Appellation Bourgueil Contrôlée
750 ml
Mis en bouteille au Domaine
13% Alc. by Vol.
SCEA Pierre et Rodolphe GAUTHIER, VITICULTEUR à 37140 BENAIS - FRANCE
Contains sulfites

15_Gezähmtes Monster

Cuvée Charles de Batz

Mancher hat Angst davor, einen französischen Tannat ins Glas zu bekommen. Und womit? Mit Recht! Es gibt kaum eine Rebsorte, die für knarzigere Weine sorgt, wegen ihrer vielen Tannine, und zusätzlich weisen sie eine hohe Adstringenz auf. Das gilt zumindest für ihre Jugend. Mit der Reife – und wir sprechen hier von sehr langer Reife – werden sie immer charmanter, eleganter, trinkiger. Und irgendwann dann großartig.

So war es klassischerweise, aber die Weingüter der Region haben gelernt, wie man die heimische Rebsorte so zähmt, dass sie auch jung schon zugänglicher ist. Wir reden allerdings immer noch nicht von einem samtweichen Merlot moderner Prägung, sondern von einem konzentriert-kraftvollen Wein. Ich kann mir keinen besseren Einstieg in diese faszinierende Region vorstellen als die Cuvée Charles de Batz der Domaine Berthoumieu. Die Tannat-Rebe spielt mit 90 Prozent die Hauptrolle, aber zehn Prozent sind Cabernet Sauvignon, der wie ein Dompteur für das Biest fungiert. Andere Methoden der Zähmung sind schnelle Kelterung (wird hier allerdings nicht angewandt) und ein langer Ausbau im Holzfass. Die Trauben für diese Cuvée stammen von Rebstöcken, die 50 bis 100 Jahre alt sind und in steinigen Böden wurzeln. Viel dunkler wird ein Wein nicht. Er hat aber mehr Frucht als Tannine – farblich passend dunkle Beerenfrüchte (Cassis, Brombeere).

Benannt ist er nach Charles de Batz-Castelmore d'Artagnan, Inspiration für den Musketier in Alexandre Dumas' Romanen. Das Weingut liegt im ehemaligen Lehen des Franzosen. Der Wein wurde wegen seiner hohen Werte an Polyphenolen vom Magazin »Wine Spectator« zum gesündesten Wein weltweit erklärt, auf Basis einer Untersuchung von Dr. Roger Corder vom Londoner William-Harvey-Institut für Kreislaufforschung. Da er der einzige untersuchte Tannat war, die alle reich an Polyphenolen sind, sollte man das aber nicht zu ernst nehmen.

www.domaine-berthoumieu.com | Shop www.pinard-de-picard.de | €

GRAND VIN DE MADIRAN
DOMAINE
BERTHOUMIEU
MADIRAN
CHARLES DE BATZ
C. & M. BORTOLUSSI
LIONEL OSMIN

16 Cidre Luxus

Sydre Argelette

Ja, das ist in der Tat ein Cidre. Aber da er anders schmeckt, soll er auch anders heißen. Der Unterschied ist wie von Schwarz-Weiß- zu Farbfernsehen. Eric Bordelet studierte Önologie in Beaune (Burgund) und arbeitete fünf Jahre im legendären Pariser Drei-Sterne-Restaurant »L'Arpège« als Sommelier, als ihn Loire-Spitzenwinzer Didier Dagueneau (siehe Nummer 19) auf die Idee brachte, einen Apfelwein so herzustellen, als sei es ein großer Wein aus Trauben. Heute macht Eric Bordelet genau das auf 23 Hektar Fläche im Süden der Normandie. Dort kultiviert er 30 alte Apfel- und 20 Birnensorten (für Poiré) sowie einige Speierlinge (der Wein wird dann Cormé genannt). Bewirtschaftet werden die Obstwiesen nach biodynamischen Prinzipien.

»Argelette« wird das stark eisenhaltige, schieferähnliche und rote Gestein genannt, auf dem die Bäume dieses spektakulären Apfelweins stehen. Sie sind zum Teil über 200 Jahre alt, und Bordelet wendet die traditionelle Hochstammerziehung an.

Der spektakuläre »Sydre Argelette« stellt die größtmögliche Cuvée dar, denn Bordelet geht es darum, möglichst viele seiner Apfelsorten zu kombinieren, sofern sie von seinen ältesten Bäumen stammen. Da sie so unterschiedlich sind, werden sie natürlich nicht alle zum gleichen Zeitpunkt reif, und nur bei perfekter Reife werden sie geerntet. Von September bis in den Dezember hinein findet das statt. Danach werden sie separat vergoren und ausgebaut. Zucker wird keiner hinzugegeben, Schwefel nur wenig.

Da Bordelet süße, saure und auch bittere Apfelsorten genial kombiniert, kommt ein gleichermaßen balancierter wie komplexer Wein in die Flasche. Da er in der Regel nicht mehr als 6,5 Prozent hat, können Sie im Vergleich zu »normalem« Wein die doppelte Menge trinken, um auf denselben Blutalkoholgehalt zu kommen. Ein zugegeben teures Vergnügen, aber danach sieht man Äpfel mit anderen Augen.

---

www.ericbordelet.com | Shop www.weinart.de | €

SYDRE
ERIC BORDELET
SYDRE
ERIC BORDELET

17 Eingeschrumpelt

Au Capceu

Von den großen Süßweinen der Welt sind die fabelhaften Gewächse des Jurançon wohl die unbekanntesten – was eine Schande ist. Die gerade einmal 1.000 Hektar große oder besser kleine Weinbauregion liegt spektakulär am Fuß der Pyrenäen, und zugelassen sind hier ausschließlich die autochthonen Rebsorten Gros Manseng, Petit Manseng, Courbu, Camaralet und Lauzet. Die beste davon ist zweifellos die Petit Manseng, und im »Au Capceu« von Camin Larredya stecken 100 Prozent davon. Erzeugt werden darf ausschließlich Weißwein. Wenn Sie also einen Jurançon bestellen, wissen Sie, was Sie bekommen. Es gibt zwar auch trockene Weine (dann steht zusätzlich »sec« auf dem Etikett), aber die sind hier die Ausnahme. Wenn man einen süßen Jurançon wie den »Au Capceu« trinkt, fragt man sich ohnehin, warum man irgendetwas anderes mit den Trauben anstellen sollte.

Die terrassierten und nach Süden ausgerichteten Weinberge von Camin Larredya formen ein natürliches Amphitheater im Bereich Chapelle de Rousse und blicken auf die Pyrenäen. Sie werden biodynamisch bewirtschaftet und die Trauben für den »Au Capceu« in mehreren Erntegängen gelesen, wobei nur die natürlich eingeschrumpelten Trauben herausgepickt werden. Das passiert erst spät im November, manchmal sogar später, wenn warme Herbstwinde aus Spanien kommen. Die Besonderheit: Die Trauben sind völlig gesund, also ohne die Edelfäule Botrytis. Das führt dazu, dass die köstlichen Süßweine ganz präzise Fruchtaromen aufweisen. Der Au Capceu ist wie ein flüssiges Aprikosendessert. Dazu kommen nussige und oxidative Aromen (aber auch Zimt, Muskatnuss und Honig), die zum Teil daher rühren, dass die Trauben drei Tage in der Presse mazerieren und der Most in Holzfässern, einige davon neu, ausgebaut wird. Der Wein ist im Alkohol kraftvoll, am Gaumen dicht und trotzdem frisch. Genial zu Foie gras und Aprikosentarte.

www.caminlarredya.fr | Shop www.mesters.de | €€€

MONT PYRENEEN
Camin Larredya
JEAN MARC GRUSSAUTE
JURANÇON
AU CAPCÉU

18 Der wahre Syrah

Cornas Renaissance

Die Syrah-Rebe ist mittlerweile ein Weltstar, spätestens seit Australien sie unter dem Namen Shiraz populär machte. Aber hier geht es nicht um die neue Weinwelt, wo die Rebe oftmals zu fruchtopulenten, geschmeidigen Weinen verarbeitet wird; sondern um die alte, genauer die nördliche Rhône und in dieser Region um einen Flecken, der die kraftvollsten, kernigsten, rustikalsten Syrahs hervorbringt, mit Dreck unter den Fingernägeln und Schweiß auf der Stirn. Klingt nicht appetitlich, ist es aber. Die Region, eigentlich ist es eine Dorflage, heißt Cornas, und bewirtschaftet werden gerade einmal 125 Hektar, auf denen nur Syrah zugelassen ist. Dass man sie in der Weinwelt trotzdem kennt, beweist, wie besonders sie ist.

Côte-Rôtie und Hermitage mögen berühmter sein, aber Cornas hat Haare auf der Brust. Der Name kommt vom keltischen »Gore«, was verbrannte Erde bedeutet und auf die kargen Böden anspielt. So viel vorweg: Trinken Sie einen Cornas nie jung. Das ist Körperverletzung. Und zwar Ihres Körpers. Er benötigt nach der Lese sechs bis acht Jahre, ehe sich alles harmonisiert hat.

Der beste Winzer vor Ort ist die Domaine Auguste Clape – und ihr bester Wein der einfach »Cornas« genannte Tropfen. Ich empfehle aber den Zweitwein namens »Cornas Renaissance«, und das nicht nur, weil er günstiger ist. Eigentlich ist das sogar überhaupt nicht der Grund. Er stammt von jüngeren Reben, die auf Granitböden stehen. Jünger bedeutet: »nur« über 20 Jahre alt. Er wird genau wie der Erstwein hergestellt: keine Entrappung, wilde Hefen, Vergärung in Beton, Reifung in alten Fuderfässern, keine Filtration.

Der »Renaissance« ist aber weniger massiv im Tannin, also seidiger, sexyer, vitaler. Natürlich gibt es auch die typischen Aromen von schwarzen Oliven, Erde, Pfeffer und Blutwurst. Dieser Zweitwein fegt die meisten Erstweine der Rhône vom Tisch. Und reifen kann er auch genial!

146 Avenue du Colonel Rousset, 07130 Cornas, Frankreich, +33/0475403364 | Shop www.passion-vin.de | €€€€€

DOMAINE CLAPE
DOMAINE CLAPE
2018
PRODUIT DE FRANCE VIN
PRODUCT OF FRANCE WINE
Renaissance
CORNAS
APPELLATION CORNAS CONTRÔLÉE
CRU DES CÔTES DU RHÔNE
MIS EN BOUTEILLE À LA PROPRIÉTÉ
DOMAINE A. CLAPE, SCEA
PROPRIÉTAIRE-VITICULTEUR À CORNAS
CONTAINS SULFITES: E220

19 Referenzwein

Silex

Es kommt selten vor, dass es bei einer Rebsorte einen Referenzwein gibt, auf den sich alle einigen können. Bei Sauvignon Blanc ist dies aber der Fall, und sein Name ist »Silex« von Didier Dagueneau. Der namensgebende Loire-Winzer lebt nicht mehr, denn er verunglückte 2008 mit seinem Ultraleichtflugzeug tödlich. Dagueneau war eine einzigartige Winzer-Persönlichkeit, genial, exzentrisch, mutig. Als Lenker eines Schlittenhundegespanns gewann er Europa- und Weltmeisterschaften.

Genau solch einen Menschen brauchte die Region Pouilly-Fumé, damit sich endlich etwas änderte. Die Revolution begann mit ihm. Vor Didier Dagueneau waren die Weine oft dünn, grasig, mit geradezu beißender Säure. Handlese war damals kein Thema, der Ertrag viel zu hoch, die Weine wurden im Edelstahl ausgebaut und zu früh gefüllt. Dagueneau machte alles anders, besonders seine Entscheidung, die Weine in Holzfässern auszubauen, zum Teil in neuen, prägte den Stil auf Anhieb. Seine Weine schmeckten nicht nur jung köstlich und elegant, sie konnten auch reifen.

Der »Silex« ist das Meisterstück des heute von Dagueneaus Sohn Louis-Benjamin geführten Weingutes. Der Name des Weines bedeutet Feuerstein, und das ist der beste Boden in der Region für die Sauvignon-Blanc-Traube. Der Feuerstein ist auch für den Namen der Region verantwortlich, denn »fumé« bedeutet »geräuchert« – weil Rauch entsteht, wenn man zwei dieser Mineralien zusammenschlägt.

Der »Silex« ist ein enorm präziser Wein mit komplexem Aromenspiel von exotischen Fruchtnoten (Mango, Passionsfrucht, rosa Grapefruit, Litschi) bis zu feinen Röstnoten vom Holz (wobei der Einsatz von neuem Holz immer weiter reduziert wurde). Am Gaumen ist er gleichermaßen frisch, dicht, saftig und lang. Und all das in Verbindung mit einer Feuerstein-Note. Wer Sauvignon Blanc verstehen will, muss einmal im Leben diesen Wein genießen – ein Vorbild, weltweit.

Le Bourg, 58150 Saint Andelain, Bourgogne-Franche-Comté, +33/0386391562, silex@wanadoo.fr | Shop www.koelner-weinkeller.de | €€€€€

SILEX

20 Austern-Liebe

Muscadet »Granite«

Zu Austern etwas anderes als einen Muscadet zu bestellen, kommt vinophiler Blasphemie gleich. Es ist ein »Match made in Heaven«, bei dem es eigentlich nicht mal ein besonders guter Muscadet sein muss, nur kühl sollte er sein. Aber wenn man einen herausragenden Muscadet zu Austern im Glas hat, lässt die oft beschworene (und selten stattfindende) Geschmacksexplosion nicht auf sich warten. Und der Muscadet sur Lie »Granite« der Domaine L'Écu ist fantastisch. Wobei mancher den einfacheren »Classic« vorzieht und den »Granit« für andere Meeresfrüchte einsetzt. Einfach ausprobieren! Schlank und enorm trinkig sind beide.

Melon de Bourgogne, wie die mit Pinot blanc verwandte Rebsorte heißt (die nichts mit Muskateller zu tun hat), ist zurückhaltend mit ihren Aromen, weshalb ein Muscadet-Sèvre et Maine (das größte und bekannteste Gebiet der Muscadet-Region) immer »sur lie«, also auf der Hefe ausgebaut werden muss, und zwar bis zum 1. März des Jahres nach der Lese, was zu den typischen Brioche-Noten führt. Zu diesen gesellen sich Zitrus, frischer Apfel, ein Hauch Jod und enorm viel Frische. Der »Granite« hat zusätzlich auch Grapefruit und Feuerstein zu bieten. Aber nichts springt aus dem Glas, alles ist subtil und fein. Jung macht er enorm viel Freude, schafft aber auch locker ein paar Jahre auf der Flasche. Produziert ist er biodynamisch, die Lese geschieht per Hand, der Most vergärt spontan und wird nicht gepumpt, der Wein liegt lange auf der Hefe in Betontanks. Und er stammt von der Domaine, auf der einst der Muscadet-Papst Guy Bossard wirkte und heute sein kongenialer Nachfolger Frédéric »Fred« Niger Van Herck am Ruder ist. Bossard setzte auf Qualität und Bio-Anbau in einer Region, bei der es in der Regel um Masse geht. Keiner der Weine dieses 24-Hektar-Weingutes wird übrigens im Supermarkt verkauft. Aus Prinzip. Stattdessen bei Weinhändlern, denn der persönliche Aspekt ist Fred Niger extrem wichtig.

www.domaine-ecu.com | Shop www.mesters.de | €€

VIN BIO-DYNAMIQUE
Contrôle FR-BIO-01
Granite
PRODUCT OF FRANCE
MUSCADET
SEVRE ET MAINE
Appellation Muscadet Sèvre et Maine contrôlée
Domaine de l'Ecu
Mis en bouteille au domaine
par Fred Niger
SAS Domaine de l'Ecu - La Bretonnière
44430 Le Landreau - FRANCE
12% vol
e 750 ml

21 Ältestes Weinfass

Riesling Classic

»St. Caterine« ist der Name des Eichenfasses, das als ältestes noch in Benutzung befindliches im »Guinness Buch der Rekorde« steht. Die Urkunde befindet sich in einer kleinen Holzschatulle, die am Fass angebracht ist. Es liegt in einem beeindruckenden Keller unter schönen Gebäuden aus dem 16. Jahrhundert, im Herzen des mittelalterlichen Riquewihr, und stammt aus dem Jahr 1715. Trotz seiner Berühmtheit gibt es keinen festen Wein, der in jedem Jahrgang darin Platz nehmen darf – es kommt auf die Menge des Mostes an. Da es ein ziemlich großes Fass ist, reifen in ihm die mengenmäßig bedeutendsten Weine: Pinot Blanc Classic, die Weißwein-Cuvée »Les Amours« oder der Riesling Classic. Alle sind Verschnitte mit Weinen verschiedener Fässer. Den Riesling Classic bezeichnet die Familie als ihren Referenzwein, und man merkt, welche Aufmerksamkeit sie ihm schenkt, obwohl sie auch viel teurere Weine produzieren. 25 Hektar gehören der Familie, von über 100 Hektar beziehen sie Trauben. Alle werden, darauf legt man Wert, von Hand gelesen.

Das Elsass ist die trockenste Weinregion Frankreichs, maritime Einflüsse gibt es keine, stattdessen schützen die Vogesen vor Regen. Der Riesling gerät in der Regel opulenter, reifer, »wärmer« als aus Deutschlands nördlichen Regionen. Die Hugels – Familienweingut seit zwölf Generationen – achten aber darauf, dass der Alkoholgrad ihres »Classic« nicht zu hoch schießt und der Wein eine feine Säure und angenehme Frische behält. Je nach Jahrgang werden auch Botrytis-Trauben verwendet, was zu Würze und Fülle führt. Die Trauben werden grundsätzlich nicht gepumpt, die Klärung wird auf natürliche Weise ohne künstliche Kältebehandlung, die Filtrierung sehr vorsichtig durchgeführt.

Mit Sicherheit weiß man zwar nicht, ob dieser Riesling in »St. Caterine« reifte, aber mit seiner klassischen, traditionell elsässischen Art passt er stilistisch wunderbar in das berühmte Fass. Ein echter Botschafter des elsässischen Weinstils.

www.hugel.com | Shop www.ludwig-von-kapff.de | €€

FAMILLE
HUGEL
FAMILLE
HUGEL
HVH
1639
FAMILLE
HUGEL
Classic
RIESLING
FAMILLE
HUGEL
Classic
RIESLING

22 Beseelter Wein

Clos de la Coulée de Serrant

Von den legendären Weinen der Welt ist dies der Umstrittenste. Es geht um einen der teuersten Chenin Blancs überhaupt, den man, so sein Schöpfer, nicht mit normalen Maßstäben messen darf. Nicolas Joly ist die Ikone der biodynamischen Weinbewegung schlechthin. Er schrieb etliche Bücher, und sein Ziel ist nicht nur ein guter, sondern ein wahrer und wahrhaftiger Wein. Oder wie eines seiner Bücher in der deutschen Übersetzung betitelt ist: ein beseelter Wein.

Ich kann Ihnen nicht versprechen, dass Ihnen dieser Wein gefallen wird. Die Chancen stehen gut, dass er genau das nicht tun wird. Ja, ich kann Ihnen noch nicht einmal genau sagen, wie er schmecken wird, denn die Jahrgänge fallen extrem unterschiedlich aus. Würzig ist er immer, überbordend, mysteriös, er duftet nach Bauernhof und Aprikose. Ich kann Ihnen allerdings raten, diesen Wein nicht jung zu trinken, denn mit der Reife finden selbst Jahrgänge, die in der Jugend völlig desperat sind, zu sich.

Ein Grund für die spezielle Aromatik dieses Weins ist Jolys Theorie, dass Chenin Blanc nur dann seine bestmögliche Intensität und Komplexität erreicht, wenn er hochreif gelesen wird, inklusive Botrytis-Befall – den man üblicherweise bei trockenen Weinen vermeidet. Fünf Lesegänge über drei bis vier Wochen gibt es deshalb, bei denen nur entsprechende Trauben geerntet werden.

Der »Clos de la Coulée de Serrant« ist eine sieben Hektar große Monopollage, die zum Teil mit dem Pferd bearbeitet wird. Im Durchschnitt sind die Rebstöcke 40 Jahre alt – einige zählen aber auch schon 80 Jahre. Der Boden ist – unter einer nur 20 bis 40 Zentimeter dicken Erdschicht – roter Schiefer. Ausgebaut wird der Wein in 500-Liter Holzfässern (nie mehr als fünf Prozent davon neu). Joly rät, ihn einige Stunden vor dem Genuss zu öffnen, und sagt, dass er sich offen über eine ganze Woche immer weiter verbessert. Ein Experiment, das lohnt!

www.coulee-de-serrant.com | Shop www.gute-weine.de | €€€€€

COULEE DE SERRANT

23_Der Sommer ist rot!

Migmatite

Gamay ist die große Rebsorte des Beaujolais. Und wie der Fleurie von Julien Sunier beweist, werden in der Region hervorragende Weine hergestellt. Was kaum jemand weiß: Auch aus anderen Regionen Frankreichs kommt wundervoller Gamay, mit ganz eigener Stilistik. Einer der besten und überraschendsten stammt aus Côtes du Forez, seit 2000 eine Appellation d'Origine Protégée. Kennen Sie nicht? Kein Wunder, ist sie doch nur 180 Hektar groß. Die Weinberge liegen an den Ausläufern des Massif central. Es gibt wirklich nur eine Handvoll in der südlichsten Appellation der Loire. Sie liegt zwischen dem Beaujolais und der nördlichen Rhône und grenzt fast an die Auvergne. Erzeugt werden Rot- und Roséweine, und zwar hundertprozentig aus Gamay.

Die beste Domaine ist Le Vins de la Madone, nicht zu verwechseln mit der Domaine de la Madone. Die eine liegt im Beaujolais, die andere macht dem Beaujolais gehörig Feuer unter dem Hintern. Das liegt zum einen an dem ungewöhnlichen Boden aus Migmatit – ein Granit, der sehr reich an schwarzem Glimmer ist, bis zu 32 Prozent finden sich im Gestein. Zum anderen daran, dass für den Wein die edle Spielart Gamay Saint Romain verwendet wird, zum Teil von sehr alten Rebstöcken. Am wichtigsten ist vielleicht, dass nicht mit der im Beaujolais üblichen Kohlensäuregärung gearbeitet wird, stattdessen mit Ganztraubenvergärung samt Stielen und Stängeln. Das ändert die Würzigkeit und die Struktur.

Bei La Madone gilt: frühe Lese (alles per Hand), kurze Mazeration, keine lange Vergärung, Ausbau im Edelstahl. Das Ziel ist Frische. Die Weine werden ungeschönt und unfiltriert abgefüllt. Der »Migmatite« duftet aufgrund des speziellen Bodens nach schwarzem Pfeffer, außerdem nach hellem Tabak (und natürlich nach roten Früchten). Er besitzt wenig Alkohol und einen geradezu irren Trinkfluss. Sie können ihn kühl trinken, müssen aber nicht. Er macht den Sommer schön!

www.lesvinsdelamadone.fr | Shop www.weinhalle.de | €

BONNEFOY
MIGMATITE
GAMAY SUR GRANIT

24 Glasklare Sache

Maury Cuvée Prestige 15 Ans d'Age

Arnoldus de Villa Nova war im 13. Jahrhundert Arzt am Hof von Papst Clemens V. in Aragon, von wo aus er das Wissen um die Destillation nach Südfrankreich brachte. Er soll es gewesen sein, der als Erster Eau de vie, also Schnaps, in einen Wein schüttete, um die Gärung zu stoppen. Dadurch gelang es, einen hohen Gehalt an Zucker zu behalten, der sonst in Alkohol umgewandelt worden wäre. Die Süße in dieser Art von Wein ist also nicht hinzugefügt, sondern natürlich, weswegen er als »Vin Doux Naturel« bezeichnet wird. Dem Maury (Appellation d'Origine Contrôlée) darf zehn Prozent Schnaps hinzugefügt werden, und der Wein muss zu diesem Zeitpunkt schon 15 Prozent aufweisen.

Einige Jahrhunderte nach Arnoldus, im Jahr 1816, verlor der Bischof von Perpignan die 80 Hektar umfassende Domaine de Goudous beim Glücksspiel an den Bauingenieur Raymond Etienne Amiel – und der Grundstein von Mas Amiel war gelegt. 1999 verkaufte Olivier Decelle seine Tiefkühl-Supermarktkette und erwarb nicht nur dieses – mittlerweile auf 200 Hektar angewachsene – Gut, sondern auch weitere Weingüter. Oft scheitern Investoren mit wehenden Fahnen, doch Decelle belebte Mas Amiel wieder. Und führte damit eines der Weingüter wieder zu Berühmtheit, das eine außergewöhnliche Tradition der Weinherstellung in Maury fortführt.

Traditionell reifen die »Vins Doux Naturel« hier nämlich in »Glasbonbonnes« (Glasballons). Ein Jahr lang stehen sie im Freien, und zwar nicht beschattet, sondern im Sommer in der sengenden Hitze. Der Wein kocht geradezu. Das führt zur typischen Mahagoni-Farbe und den karamelligen Rancio-Noten, die an Sherry und Nussschalen erinnern. Der faszinierende »15 Ans d'Age« reift danach 14 weitere Jahre in großen Holzfässern. Der aus Grenache Noir, Maccabeu und Carignan gewonnene Wein duftet nach kandierten Orangen, getrockneten Feigen, Zwetschgen, Schokolade, Tabak und Gewürzen.

www.masamiel.fr | €€€

MA
MAS AMIEL
PRESTIGE
15 ANS D'ÂGE
MIS EN BOUTEILLE AU DOMAINE

25 Promi-Wein

Miraval

Promi-Weine gibt es viele. Gerard Depardieu besitzt gleich mehrere Weingüter, die Musiker Sting und Gianna Nannini machen, oder besser: lassen in Italien Wein machen. Auch Fußballer wie Andrea Pirlo haben Geld in Weingüter investiert. Francis Ford Coppola ist als Winzer so erfolgreich wie als Regisseur. Manche Engagements, wie das von Til Schweiger in Deutschland, betreffen Weingutslinien, die von bekannten Gütern erzeugt werden. Aber Château Miraval ist das berühmteste, weil es von einem Hollywood-Paar gegründet wurde, das zu jener Zeit überlebensgroß war. Es gab damals keine glamourösere Ehe: Angelina Jolie und Brad Pitt – aka »Brangelina«, die in der Kapelle des 400-Hektar-Châteaus 2014 heirateten. Ein weiterer Grund für die Bekanntheit von Miraval: Der Wein ist wirklich richtig gut. Das liegt allerdings nicht am ehemaligen Hollywood-Paar, sondern ihrem Partner, der Familie Perrin. Ihr gehört gleich eine ganze Handvoll Güter, von denen das bekannteste wohl Château de Beaucastel in der Appellation d'Origine Contrôlée Châteauneuf-du-Pape ist.

Der erste Jahrgang war 2012 und der Wein ein Erfolg vom Start weg. Ein Erfolgsgeheimnis ist sicher auch die Lage, denn die Trauben für den Wein wachsen in einem kleinen, abgeschlossenen Tal auf der Grenze zwischen der Côtes de Provence und der kühleren Coteaux Varois, mit großen Temperaturunterschieden zwischen Tag und Nacht. Die Reben wachsen auf unterschiedlichen Böden und Meereshöhen, wodurch komplexe Cuvées zusammengestellt werden können. Die Trauben – Cinsault, Grenache, Rolle und Syrah – werden nur am Morgen gelesen und zweifach sortiert. Fast alles wird in Edelstahltanks vergoren, nur ein kleiner Teil in Holzfässern. Miraval ist ein sehr heller Rosé, aber glauben Sie deshalb nicht, er sei dünn! Er duftet nach Roter Johannisbeere, Kirsche, Erdbeere, aber auch nach Limone, Rosenblüten und provenzalischen Kräutern. Am Gaumen ist er frisch und saftig – ein echter Star!

www.miraval.com | €€

MIRAVAL
CÔTES DE
PROVENCE

26 Sandige Freude

Cuvée Prestige Blanc

Bei der Camargue denkt man an Flamingos, die sich vom Mistral das Gefieder aufpusten lassen, an Reisfelder und wilde weiße Pferde, die hintereinander herjagen. Man denkt ganz bestimmt nicht zuerst an Wein. Aber wissen Sie, was die Reblaus gar nicht mag? Sand. Und da es in der Camargue so viel davon gibt, sind etliche Rebstöcke noch wurzelecht. Selbst Schädlinge, die im Sand überleben, haben es schwer, denn einige Weingärten werden regelmäßig überflutet.

Bekannt wurde der Vin de Sables durch die Compagnie des Salins du Midi. Diese Salzgewinnungsfirma gründete 1880 »Listel«, wurde zum größten Weinhersteller der Camargue und einem der größten Frankreichs.

Zentrum des Weinbaus in der Region ist die Petite Camargue, wo die Rebstöcke quasi auf Meereshöhe im Schwemmland stehen und das Mittelmeer einen kühlenden Einfluss hat. Mourvèdre wird in der Region am häufigsten angebaut und zu »Gris de Sables«, sehr hellen Rosés, verarbeitet. Auch die biologisch arbeitende Domaine de Montcalm hat einen solchen im Portfolio, aber ich mag ihre Weißen noch lieber, da bei ihnen die Salzigkeit des Bodens noch deutlicher zur Geltung kommt.

Die Cuvée Prestige Blanc ist ein sehr günstiger Wein aus Chardonnay und Sauvignon Blanc und zeigt die Stärke dieser ungewöhnlichen Region: frische Sommerweine, die im Jahr nach der Ernte getrunken werden sollten. Die Cuvée ist ganz auf Frische ausgerichtet und modern vinifiziert, also: Weinlese mechanisch (und nur nachts, weil dann die Trauben kühler sind), Reinzuchthefe, Edelstahltanks, Säureabbau, Filtration, verschlossen mit einem Nomacorc (Kunststoffkorken). Ein Weißwein mit niemals überbordendem Alkohol und wenig Säure, der charmant nach exotischen Früchten und Birne duftet und enorm süffig über den Gaumen läuft. Mit einem kleinen Hauch Salz. Die Domaine de Montcalm braut übrigens auch Bier – aus dem Reis der Camargue.

domainedemontcalm.com | Shop www.weinhalle.de | €

PRESTIGE
DOMAINE DE
MONTCALM
Entre deux eaux,
baignées d'un soleil haut,
mûrissent ces raisins,
dont l'homme fait du vin.
CAB
PRODUIT EN CONVERSION
VERS L'AGRICULTURE BIOLOGIQUE

27_Wie früher

Èmilien

Bordeaux ist das größte Weinbaugebiet der Welt. Es steht für große Luxuskonzerne, prachtvolle Châteaus, irre teure Weine, alkohol- und holzlastige Tropfen, mittlerweile auch für Öko-Sünden. Aber das ist nur eine Seite der Region. Bei Bordeaux handelt es sich um das größte zusammenhängende Anbaugebiet der Welt für Qualitätswein. Auf über 120.000 Hektar finden sich rund 3.000 Châteaus. Darunter gibt es unzählige großartig arbeitende – und viele Weine, die ihr Geld wirklich wert sind, die Frische und ungetrübte Frucht besitzen. Wenn Sie wissen wollen, wie ein Bordeaux in den »guten alten Tagen« schmeckte, also bevor die Weine fett und schwer wurden, dann sollten Sie den »Èmilien« des Châteaus Le Puy trinken. Die durchschnittlich 50 Jahre alten Rebstöcke des 51-Hektar-Weingutes finden sich auf demselben Felsplateau wie Saint-Émilion und Pomerol. Das Weingut war Pionier bei der Entrappung und später beim Bioweinbau (und noch später bei der Biodynamie) in der Region.

Werden andernorts Rebsorten solo ausgebaut, wird in Bordeaux die Kunst der Cuvée zelebriert, so auch beim Èmilien: 85 Prozent Merlot, sieben Prozent Cabernet Franc, sechs Prozent Cabernet Sauvignon, je ein Prozent Malbec und Carménère. Alles Handlese. Bei der Gärung werden weder Zucker noch Hefe zugegeben. Danach reift der Wein rund zwei Jahre in gebrauchten Barriques. Die Abfüllung erfolgt ohne Filtration und Schönung sowie mit nur minimaler Schwefelung – zur passenden Mondphase. Jeder Korken wird durch eine Wachshülle geschützt.

Der Wein duftet herrlich nach schwarzen und roten Johannisbeeren, Pflaumen, Kirschen, gerösteten Mandeln und Kräutern. Holz ist kaum wahrnehmbar, stattdessen ist der Wein saftig und frisch, samtig und zart. Falls Sie auf den Geschmack kommen: Die Top-Cuvée des Châteaus heißt »Barthélemy« und kostet fast das Vierfache. Sie ist noch intensiver, aber weniger spielerisch.

www.chateau-le-puy.com | Shop www.pinard-de-picard.de | €€€

EXPRESSION ORIGINALE DU TERROIR
Depuis 1610
le Puy
Emilien 2017
Famille Amoreau
Ce vin est issu de cultures
et de vinifications naturelles.

28 Bordeaux verrückt

Le Retout Blanc

Okay, das hier ist verrückt! Sauvignon Blanc und Sémillon sind die großen Weißweinsorten des Bordeaux. Daneben finden sich manchmal (selten!) in den Cuvées noch Muscadelle, Ugni Blanc und Colombard. Und dann hat man plötzlich den »Le Retout Blanc« im Glas, der aus 47 Prozent Gros Manseng, 35 Prozent Sauvignon Gris, je neun Prozent Mondeuse Blanche und Savagnin besteht. Also eine Rebsorte aus dem Jurançon (Gros Manseng), eine aus Savoyen (Mondeuse Blanche), eine aus dem Jura (Savagnin) und eine, die zwar typisch für Bordeaux ist, aber kaum noch angebaut wird (Sauvignon Gris). Sie alle stehen in einem 1,5 Hektar großen Weinberg namens »Le Retout«. In ihm wuchs eigentlich Merlot, doch die Rebstöcke wurden 2009 mit den ungewöhnlichen weißen Sorten veredelt. Das bedeutet: Die Rebstöcke wurden kurz über dem Boden abgeschnitten, und auf die Schnittstellen wurden sogenannte Edelreiser der weißen Rebsorten gepfropft.

Da die Rebsorten zu unterschiedlichen Zeiten reif werden, gibt es drei Zeitpunkte für die Handlese. Der Most (Ganztraubenpressung) der einzelnen Rebsorten wird getrennt in Barriques aus französischem Holz und Amphoren aus Terrakotta vergoren. Der Wein reift darin rund zehn Monate, wobei in den ersten vier Monaten die Hefe aufgerührt wird, damit der Wein Schmelz erhält.

Man kann mit Gewissheit sagen: So einen Wein gibt es selbst im größten zusammenhängenden Weinbaugebiet der Welt nicht ein zweites Mal. Du Retout ist ein 30-Hektar-Bioweingut, das sogar mit Pferdepflug arbeitet, um den Boden zwischen den Rebzeilen nicht zu sehr zu verdichten. Es liegt im südlichen Haut-Médoc an der Grenze zur Appellation Margaux und hat den Status Cru Bourgeois.

Für diesen Weißwein gibt es keinen sinnvollen Vergleich. Er ist schmelzig, zugleich frisch, bietet würzige Kräuter, florale Nuancen, exotische Fruchtnoten, ist sehr lang, kann viel Alkohol aufweisen und ist vom ersten Moment an extrem expressiv.

www.chateau-du-retout.com | Shop www.gute-weine.de | €€

VIN DE FRANCE
LE RETOUT BLANC

29 Süße Bläschen

Carte Blanche Demi Sec

Louis Roederer ist eines der bekanntesten Champagnerhäuser, eine der Grandes Marques. Der berühmteste Schaumwein des Hauses heißt »Cristal«. 1876 wurde er für Zar Alexander II. kreiert. Er lebte in stetiger Angst vor einem Anschlag, deshalb wählte man für seinen Champagner eine durchsichtige Flasche, damit er aus Sicherheitsgründen den Inhalt schon vor dem Entkorken genau erkennen konnte. Auch ist der Boden der Flasche flach, damit keine Bombe in der sonst üblichen Aussparung untergebracht werden kann. Er starb 1881 tatsächlich durch ein Attentat – allerdings mittels einer Granate.

Eine weitere Besonderheit dieses Champagner-Hauses ist, dass es über 240 Hektar Weinberge besitzt, die sämtlich als Grand oder Premier Cru klassifiziert sind. In der Region ist es sonst üblich, dass die großen Kellereien Trauben ankaufen, doch bei Roederer geht man schon seit sehr langer Zeit einen anderen Weg.

Der Grund für die Auflistung eines Weines dieses Big Players ist, dass sich das Haus sehr seriös der Produktion eines halbtrockenen (demi-sec) Champagners annimmt, der wunderbar mit Desserts kombiniert werden kann. Der Carte Blanche wird in der Regel aus acht Jahrgängen assembliert und besteht üblicherweise aus je 40 Prozent Pinot Noir und Chardonnay sowie 20 Prozent Pinot Meunier, wobei insgesamt fünf Prozent des Grundweins in Eichenfässern reift. Die Cuvée selbst verbringt drei Jahre im Keller und ruht nach dem Dégorgement mindestens ein halbes Jahr. Als Versanddosage erhält sie Likörweine, die zwischen vier und zehn Jahren im Holzfass lagerten, was ihm zu seiner wundervoll goldenen Farbe verhilft. Die Herausforderung ist, solch einen Champagner nicht süß, sondern saftig, füllig, fein cremig und hedonistisch zu gestalten, was Roederer ausgesprochen gekonnt gelingt. Neben den Fruchtnoten (vor allem gebackene Äpfel) finden sich auch Honig, geröstete Mandeln und Karamell, aber alles perfekt integriert und ausbalanciert. Geben Sie prickelnder Süße eine Chance!

---

www.louis-roederer.com | Shop www.bremer-weinkolleg.de | €€€

ROEDERER
ROEDERER
CHAMPAGNE
CHAMPAGNE

30 Beaujolais vieux

Fleurie

Beaujolais Nouveau oder Beaujolais Primeur sind enorme Erfolgsgeschichten … gewesen.

Der erste Wein des neuen Jahrgangs wird traditionell am dritten Donnerstag im November verkauft. Damit er so früh fertig ist, wird seine Erzeugung mit allerlei Tricks »beschleunigt«. Das Ergebnis ist ein extrem duftiger Wein, der sehr jung getrunken werden sollte, denn nach kürzester Zeit bricht er in sich zusammen. Eine Zeit lang haben die Winzer des Beaujolais damit sehr viel Geld verdient. Und ihren Ruf nachhaltig ruiniert. Viele denken immer noch, der Primeur sei der einzige Wein, der hier produziert wird. Was für eine Schande für eine so großartige Weinregion! Das Beaujolais ist Teil des Burgunds, hier regiert allerdings nicht Pinot Noir, sondern Gamay.

Fleurie ist eines der zehn Crus des Beaujolais und nur rund 900 Hektar groß. Andere bekannte Crus sind Moulin à Vent oder Morgon. 13 Einzellagen besitzt Fleurie, dessen Wahrzeichen auf 425 Metern über dem Meeresspiegel steht: eine kleine Kapelle mit der Statue Madone de Fleurie.

Die Trauben wachsen vor allem auf Granitschotter mit hohem Mangangehalt. Der wunderbare Fleurie des biodynamisch arbeitenden Julien Sunier stammt von 25 bis 60 Jahre alten Rebstöcken – also »vieux« statt »nouveau«! Nach der Ernte wird eine Kohlensäuremaischung oder »Macération carbonique« durchgeführt. Dafür werden die Trauben in Behältnissen mit CO_2-Schutzgas verschlossen, und traubeneigene Enzyme verrichten ihr Werk, bauen Apfelsäure ab, bilden Glycerin, Ethanol und Bernsteinsäure. Im Ergebnis sind die Weine heller, fruchtiger und weniger tanninbetont. Beim Fleurie von Sunier dauert dieser Prozess rund zehn Tage, danach wird der Most spontan vergoren und in älteren Fässern für neun bis elf Monate ausgebaut. Das Ergebnis ist ein herrlich beschwingter Rotwein, der betörend nach Veilchen, Himbeeren und Walderdbeeren duftet.

---

www.julien-sunier.com | Shop www.weinamlimit.de | €€€

FLEURIE
APPELLATION FLEURIE PROTÉGÉE
Julien Sunier
ARTISAN VIGNERON

31_Wein-Archäologe

Montlouis Pétillant »Triple Zéro«

Pétillant Naturel, oder abgekürzt Pét Nat, ist aktuell in aller Munde. Wörtlich übersetzt bedeutet das »natürlich prickelnd« und bezeichnet die urtümlichste Art der Erzeugung von Perl- oder Schaumwein. Für einen Champagner oder Sekt wird ein Grundwein erzeugt, dem nach der Gärung Hefe und Zucker zugegeben werden. Danach startet die zweite Gärung in der Flasche, bei der Kohlensäure entsteht, die nicht entweichen kann. Beim Pét Nat gibt es nur eine Gärung, denn der Most wird sofort (oder bevor er noch nicht komplett durchgegoren ist) in Flaschen gefüllt.

Jacky Blot, eines der wahren Winzergenies der Loire, lässt alle seine Weine im Holz vergären, aber nur einen kleinen Teil in neuem. Sein »Triple Zeró« reift rund drei Monate im Fass, bis er nur noch 14 Gramm Restzucker pro Liter aufweist, dann kommt er in die Flasche. Es gibt keine Zuckerzugabe zum Most (das ist »Zeró« Nummer eins) und auch beim Umfüllen in Flaschen nicht, ebenfalls keine Hefe (das ist »Zeró« Nummer zwei). Der Pét Nat liegt rund zwei Jahre auf der Hefe, bevor er degorgiert wird. Danach gibt es ebenfalls keine Zuckerzugabe (das ist »Zeró« Nummer drei). Blot war einer der Ersten, die sich wieder der alten Art, Prickelnde zu erzeugen, verschrieben hat, deshalb war der Name als Erklärung auf dem Etikett wichtig, nämlich Aufklärungsarbeit.

Natürlich ist der aus der Appellation Montlouis-sur-Loire stammende ungeschwefelte Bio-Wein ein reiner Chenin Blanc. Er ist elegant, puristisch, frisch und duftet subtil nach Limette, Pfirsich sowie weißen Blüten, bietet am Gaumen feine Säure, Cremigkeit – und nur wenig Prickel, weil er erst so spät in der Flasche gärte. Die handgelesenen Trauben stammen von über 50 Jahre alten Rebstöcken, die in Kalkböden wurzeln. Jacky Blot, der früher professioneller Fallschirmspringer war und später Junior-Pâtissier im Pariser Restaurant Drouant, hat mit seinem »Triple Zeró« einen revolutionären Wein geschaffen.

www.jackyblot.fr | Shop www.weinhalle.de | €€

Taille aux Lou
La
Taille aux Loups
Triple Zéro
Jacky Blot

32 Amphitheater

»La Migoua«

Das Bandol ist eine jener mythischen Regionen des tiefdunklen Weins. Das Anbaugebiet liegt am Mittelmeer, und die wichtigste Rebsorte ist Mourvèdre, ursprünglich aus Spanien, wo sie als Monastrell bekannt ist. Sie ist Teil der Cuvées des berühmten Châteauneuf-du-Pape, aber wer sie rebsortenrein erleben will, muss einen Tropfen aus dem Bandol im Glas haben. Das ist zum großen Teil den Besitzern der Domaine Tempier zu verdanken, der legendären Familie Peyraud, deren Engagement sowohl dazu führte, dass die Region den Status Appellation d'Origine Contrôlée erhielt, als auch, dass Mourvèdre hier die erste Geige spielt. Eine Rebsorte mit vielen Gerbstoffen, die enorm gut reifen kann, ja reifen muss. Sie ist kaum anfällig für Oxidation, weswegen ihr Reife wenig ausmacht.

Tempiers »La Migoua« stammt vom gleichnamigen, elf Hektar großen Weinberg, einem natürlichen Amphitheater, vor dem Mistral gut geschützt und umgeben von Garrigue und Pinienwäldern. Es ist mit 300 Metern über dem Meeresspiegel der höchstgelegene Weinberg der Domaine, mit dem ältesten Oberflächengestein der gesamten Appellation – ein wilder Mix verschiedener Böden, auch Muschelkalk ist darunter. Von hier kommen die erdigsten und animalischsten Weine der Domaine, wirklich wilde Gesellen. Wobei die Cuvée mit rund 55 Prozent den geringsten Mourvèdre-Anteil der Rotweine des Gutes aufweist, dazu kommen Cinsault (25 Prozent), Grenache (15 Prozent) und Syrah (fünf Prozent) – 50 Prozent Mourvèdre ist der Mindestanteil bei einem Bandol. Die Rebstöcke sind im Schnitt 40 Jahre alt und ergeben einen Wein, der herrliche dunkle Beerenfrüchte aufweist. Hergestellt wird er mittels Handlese, Spontangärung im Edelstahl und mindestens 18 Monaten – so ist es für einen Bandol vorgeschrieben – in Eichenfudern. Die Domaine füllt die Cuvée ungeschönt und unfiltriert ab, mit allen Ecken und Kanten. Eine Urgewalt!

www.domainetempier.com | Shop www.passion-vin.de | €€€€

Domaine Tempier
BANDOL
Appellation Bandol contrôlée
La Migoua
mis en bouteille au Domaine
vignerons au Plan du Castellet Var France

33 Mitten im Trend

Chardonnay »En Barberon«

Bei Weinfreaks ist aktuell kein Gebiet angesagter als die französische Region Jura. Und das, nachdem sie jahrzehntelang mega-out war. Der Grund war die Fremdartigkeit ihrer Weine, denn zum einen findet man die hier auf rund 2.000 Hektar angebauten Rebsorten – wie Savagnin, Poulsard, Trousseau oder Béclan – kaum woanders, zum anderen wird der berühmteste Wein oxidativ hergestellt. Der »Vin Jaune« (Gelber Wein) wird in einer regionaltypischen Flasche namens Clavelin vermarktet, die einen Inhalt von 0,62 Liter hat. Der nur aus Savagnin gewonnene Tropfen erinnert an Sherry, wird aber nicht aufgespritet. Stolze 25 Prozent der Weinproduktion dieser Region sind Crémant gewidmet.

Für einige Jura-Weine werden schon Mondpreise verlangt, wenn sie überhaupt zu finden sind (zum Beispiel Overnoy, Labet oder Ganevat). Tissot kann man noch kaufen, und die Preise sind auf dem Boden geblieben. Das Weingut war Pionier in Sachen biologischer Weinbau in der Region, ist berühmt für Pinot Noirs, Crémants, Savagnins und nicht zuletzt für Chardonnays. Die Savagnin-Fässer werden nicht aufgefüllt, also leicht oxidativ ausgebaut. Beim Chardonnay ist das anders – und einen davon möchte ich Ihnen empfehlen. Wobei ich Ihnen eigentlich alle Weine des Gutes ans Herzen legen möchte, über 30 verschiedene werden auf rund 50 Hektar erzeugt, mittlerweile nach biodynamischen Kriterien. Der Chardonnay wird spontan in gebrauchten Barriques vergoren und bleibt lange auf der Vollhefe. Schwefel sieht er kaum oder gar nicht. Das führt zu einem hefeduftig-würzigen, goldfarbenen Wein, der manchmal nach Sternanis und fast immer nach Limette duftet. Obwohl er nicht oxidativ ausgebaut wurde, weist er häufig eine feine Walnussnote auf. Am Gaumen dann mit rassiger Säure, die selbst in warmen Jahren, wenn er im Alkohol auch mal höher liegen kann, für rasante Frische sorgt. Außerdem ist er kalk-salzig. Falls Sie Chardonnay lieben, ist das Jura ein Muss!

www.stephane-tissot.com | €€€

JURA
EN BARBERON
Bénédicte &
Stéphane Tissot

34_Militärgeschichte

Cia Oriu Cuvée

In vielen Fällen war es Mönche oder die Römer, die den Weinbau in Regionen brachten, die zuvor keinen vergorenen Rebensaft produzierten. Letztere sorgten auch auf Korsika dafür, später gab es eine Blüte unter den Genuesern. 1873 – damals schon unter französischer Herrschaft – waren rund drei Viertel aller Korsen vom Weinbau abhängig. Und was passierte? Die Reblaus marschierte ein. In der Folge verarmte die Insel und viele wanderten aus.

Aber der heutige Weinbau wurde maßgeblich von einer anderen Berufsgruppe geprägt: Soldaten. Nach dem verlorenen Algerienkrieg Anfang der 1960er Jahre siedelten rund 18.000 Algerien-Franzosen auf der Insel und legten, unterstützt von der französischen Regierung, Weingärten an. Allerdings produzierten sie plumpen, belanglosen Wein. Und als wäre das noch nicht problematisch genug, panschten sie auch mit Zucker. Der Weinbau brach zusammen.

Christian Imbert, passenderweise aus einem Geschlecht von Kavallerieoffizieren stammend, war der Erste, der sich gegen die Massenproduktion und für alte korsische Rebsorten einsetzte. Seine Domaine de Torraccia liegt in der Region Porto Vecchio, die berühmt für ihre vielen Korkeichen und bei Touristen sehr beliebt ist. Seine nah am Meer liegenden Weinberge pflanzte er 1964, vor allem mit den nahezu vergessenen lokalen Sorten Sciaccarellu, Niellucciu und Vermentinu.

Cia Oriu ist einer, wenn nicht der großartigste Wein der Insel. Aus 80 Prozent Nielluccio und 20 Prozent Sciaccarellu, biologisch produziert, spontan vergoren und mit einer Besonderheit im Ausbau: Er sieht keinerlei Holz, wie alle Weine der Domaine. Stattdessen sind es beim Cia Oriu 18 Monate Reifung in Betontanks und danach mindestens zwei Jahre in der Flasche. Das Ergebnis ist ein wildwürziger, tabakduftiger Korse, der in der Jugend vor Brombeeren und Amarenakirschen strotzt und mit der Reife immer animalischer wird.

---

www.domainedetorraccia.blogspot.com | €€€

TORRACCIA TOR
MIS EN BOUTEILLE AU DOMAINE
ORIU
DOMAINE DE TORRACCIA
CORSE.PORTO-VECCHIO
CHRISTIAN IMBERT VIGNERON

35 Der beste Vin de Pays

Trévallon Rouge VdP des Bouches-du-Rhône

Die Domaine de Trévallon in Saint-Etienne du Grès ist eine Legende. Nicht nur eine der Provence, nicht nur eine Frankreichs, sondern der ganzen Weinwelt. In den 1970er Jahren ließ sich der gelernte Architekt Eloi Dürrbach (auch Mathematik studierte er in Paris) auf dem Landsitz seiner Eltern nieder. Es liegt im Herzen der Provence, diesem trockenen Landstrich mit seinen bezaubernden Garrigue-Landschaften. Die heutige Domaine de Trévallon schmiegt sich an den Nordhang des Alpilles-Massivs.

René Dürrbach, Elois Vater, war Maler und Bildhauer, seine Ehefrau webte Kunsttapisserien für Pablo Picasso, stand Persönlichkeiten wie Robert Delaunay und Fernand Léger nahe. Eine Familie der Künste.

Eloi machte sich – ohne önologisches Studium – in der Provence daran, hochklassige Weine zu erzeugen. Und wurde zum Revolutionär. Zum einen pflanzte er seine Weinberge – weitsichtig, was die Klimaerwärmung betrifft – im Norden der Alpilles an, wo sie den kühlen Mistral-Winden ausgesetzt sind, um so die Hitze des Südens zu mildern. Und er setzte bei seinem roten Spitzenwein auf eine ungewöhnliche Cuvée, die ungefähr hälftig aus Syrah und Cabernet Sauvignon bestand. Die Vorschriften der Appellation Contrôlée ließen aber nur 30 Prozent Cabernet zu. Deshalb wurde dem Mann, der mit seinen Weinen am meisten für die Region getan hatte, die Appellation Contrôlée auf den Etiketten aberkannt. Heute ist dieser große Wein aus Frankreichs Süden deshalb ein einfacher Vin de Pays – wohl der teuerste, aber auch beste Frankreichs. Es ist ein geradezu mythischer Kultwein, dem es spielerisch gelingt, die Eleganz eines Burgunders mit der Kraft eines Syrahs der nördlichen Rhône und der würzigen Aromenwelt der Provence zu vereinen. Kein anderer Rotwein auf der Welt hat diesen besonderen Charakter. Der unfiltrierte Bio-Wein ist komplex, mineralisch und reift grandios heran.

www.domainedetrevallon.com | €€€€

JENNY MENZEL
111 ORTE FÜR KINDER IN DRESDEN DIE MAN GESEHEN HABEN MUSS
BERND IMGRUND
111 WHISKYS DIE MAN GETRUNKEN HABEN MUSS
JULIA TZSCHÄTZSCH
111 ORTE FÜR KINDER IN FRANKFURT DIE MAN GESEHEN HABEN MUSS
OLIVER SCHRÖTER
111 ORTE FÜR ECHTE MÄNNER DIE MAN GESEHEN HABEN MUSS
emons:
Entdecken fängt zu Hause an
JENS DREISBACH
111 GINS DIE MAN GETRUNKEN HABEN MUSS
CHRISTINA BACHER
111 ORTE FÜR KINDER IN KÖLN DIE MAN GESEHEN HABEN MUSS
THOMAS FUCHS
111 DEUTSCHE BIERE DIE MAN GETRUNKEN HABEN MUSS
FRANZISKA LÖ
111 ORTE FÜR KINDER IN UND UM STUTTGART DIE MAN GESEHEN HABEN MUSS
CARSTEN HENN
111 DEUTSCHE WEINE DIE MAN GETRUNKEN HABEN MUSS
ISA GRÜTERING | NATASCHA KOROL
111 ORTE FÜR KINDER IN BERLIN DIE MAN GESEHEN HABEN MUSS

UNSERE 111ER FÜR ECHTE MÄNNER

ISBN 978-3-7408-0571-5
€ D 16,95/€ A 17,50

ISBN 978-3-7408-0939-3
€ D 25,00/€ A 25,70

ISBN 978-3-7408-0680-4
€ D 25,00/€ A 25,70

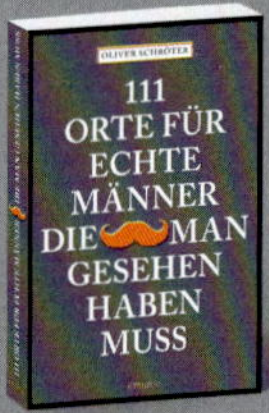

ISBN 978-3-7408-0735-1
€ D 16,95/€ A 17,50

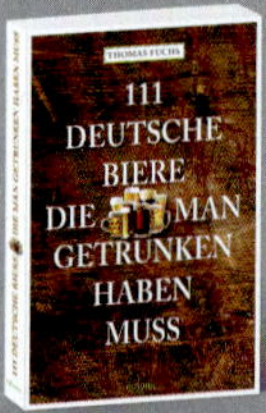

ISBN 978-3-95451-414-4
€ D 16,95/€ A 17,50

ISBN 978-3-95451-465-6
€ D 16,95/€ A 17,50

ISBN 978-3-7408-0242-4
€ D 16,95/€ A 17,50

ISBN 978-3-95451-912-5
€ D 25,00/€ A 25,70

ISBN 978-3-7408-0938-6
€ D 25,00/€ A 25,70

ISBN 978-3-7408-1069-6
€ D 16,95/€ A 17,50

DOMAINE de
TRÉVALLON
RED WINE
ALPILLES
750 ML

36 Kleiner DRC

Bouzeron Aligoté

Von den Legenden der Weinwelt zählt die Domaine de la Romanée-Conti im Burgund fraglos zu den allergrößten – nicht jeder kann sich aber ihre teuren Tropfen leisten. Wenn Sie trotzdem mal einen Hauch DRC, wie die Domaine abgekürzt heißt, im Glas haben wollen, dann lesen Sie weiter.

Einer der Besitzer ist nämlich Aubert de Villaine, dem auch ein weiteres Weingut in der Region gehört, die nach seiner Familie benannten Domaine de Villaine. Als er sie übernahm, war sie sehr heruntergekommen. Er machte ein Vorzeigegut daraus und steigerte den Ruf der Region, die als eine der letzten vergessenen Enklaven des Burgunds gelten kann.

Von den Sorten des Burgunds ist die Aligoté vielleicht die am wenigsten berühmte – sie gilt als das Arbeitspferd der Region. Dabei erbringt die – vermutlich einheimische – Rebsorte herrlich trinkige Weine. Für seinen Bouzeron nutzt die Domaine nur Aligoté-Doré-Rebstöcke, die zwar weniger, dafür aber aromatischere Trauben als die Aligoté Vert tragen. Bouzeron gilt als Heimat der besten Aligoté, es gibt seit 1998 sogar eine Appellation d'Origine Contrôlée für Weine aus der Rebsorte: Bourgogne Aligoté-Bouzeron. Das ist maßgeblich Aubert de Villaine zu verdanken, der von 2001 bis 2008 auch Bürgermeister von Bouzeron war. Dieser Wein ist also gewissermaßen sein Lebenswerk, und obwohl das Weingut auch Pinot Noir und Chardonnay erzeugt, zu höheren Preisen, ist die Aligoté doch sein besonderes Stolz. Handlese ist bei allen Weinen der Fall, genauso eine sanfte Pressung. Der Aligoté wird in Edelstahl und Holz bei kontrollierten Temperaturen vergoren. Wer die Frische des Weins liebt, sollte ihn in den ersten drei Jahren trinken. Aber er schafft auch locker zehn Jahre, wird mit der Zeit allerdings runder und »fetter«. Der kühl zu genießende Wein bietet herrliche Pfirsichnoten, aber auch weiße Blüten und am Gaumen eine wunderbar lebendige Säure.

www.de-villaine.com | Shop www.grubis-weine.de | €€€

LAINE - BOUZE
UZERON · BOUZERON · BOUZ
DOMAINE DE VILLAINE
Propriétaire à Bouzeron, en Bourgogne
Bouzeron
Appellation Bouzeron Contrôlée
Mis en Bouteille au Domaine

37 Unaussprechlich

Alvani Rkatsiteli

Versuchen Sie lieber gar nicht erst, den Namen dieses Weins auszusprechen – es sei denn, Sie sind Georgier. Die können sowohl Weinnamen aussprechen als auch Wein trinken, ja, dort wird Wein wirklich gelebt. Kein Wunder, gibt es doch eine über 7.000 Jahre alte Weinbautradition, womit Georgien eines der Ursprungsländer der kultivierten Weinrebe ist. Obwohl Gorbatschows Anti-Alkohol-Kampagne zu einem starken Rückgang der Rebfläche führte, ist Wein immer noch der zweitwichtigste Exportartikel – nach Alteisen.

»Oranger Wein« ist kein modischer Trend, sondern ganz einfach die Art, wie man seit Ewigkeiten Wein herstellt. Und die Rebsorte Rkaziteli (»Roter Stängel«) ist die Königin der Naturweine des Landes. Als man 4.000 Jahre alte Tonkrüge mit Traubenkernen fand, stammten diese wenig überraschend von Rkaziteli. Und die Tonkrüge beziehungsweise Amphoren waren auch nicht verwunderlich, denn in diesen Qvevri genannten Behältnissen bauen Winzer – vor allem in Kachetien – bis heute Weine aus. Sie geben den Most, manchmal mit Schalen, hinein und vergraben die Krüge im Lehmboden, wo sie auf natürliche Weise gekühlt werden.

Einer der Winzer, der diese Tradition noch pflegt, ist Aleksi Tsikhelishvili. Alles bei ihm ist bio, ohne Zertifizierung, sondern vielmehr aus Tradition. Sein Betrieb ist winzig: 2,5 Hektar Rebfläche, gerade einmal 2.000 Flaschen beträgt die Jahresproduktion. Normalerweise fassen die Amphoren 2.000 Liter, bei ihm viel weniger. Bis zu acht Monate lässt er seinen Rkaziteli darin, zumeist mit den Schalen. Es folgen zwei Jahre Flaschenlager. Die weißen Trauben werden übrigens erst nach den roten gelesen.

Das Ergebnis ist beeindruckend kraftvoll, aber auch cremig, lang und komplex. Von Nüssen über Sherry, Zedernholz, Quitte, Birne und Honig finden sich viele Aromen. Und dann diese Tanninstruktur – das muss man geschmeckt haben! Eine neue Welt!

Keine Homepage, aber unter Tsikhelishvili Wines auf Facebook zu finden. | €€

Georgian White Dry Wine
ალვანი
რქაწითელი
ციხელიშვილის მარანი
Alvani
Rkatsiteli
Tsikhelishvili Wines
750 ml Alc 14.5%

38 Wenn die Kiefer weint

Tear of the Pine

Wie schön, dass Sie weiterlesen, obwohl es um Retsina geht! Also um Wein, dem Baumharz zugesetzt wurde. Und der auch genauso schmeckt. Wobei: so wie der »Tear of the Pine« schmeckt keiner. Er ist der State-of-the-Art-Retsina vom Weingut Kechris aus der Heimat Alexanders des Großen, genauer aus Kalochori, rund zehn Kilometer von Thessaloniki entfernt. Sehr erfolgreich bringt man hier einem alten Zirkuspferd neue Tricks bei. Punkt eins der Qualitätsoffensive dieses etliche Male ausgezeichneten Retsinas ist die Rebsorte: Assyrtiko, die Königin unter Griechenlands Rebsorten. Sie stammt von der Insel Santorin, wo sie in 70 Prozent der Weingärten steht. Die Weine sind stark in der Säure, können viel Alkohol aufweisen und reifen wunderbar. Der »Tear of the Pine« lagert, Punkt zwei, sechs Monate in neuen Barriques, noch dazu auf der Hefe. Das sorgt für Komplexität, Röstaromen, Struktur sowie Geschmeidigkeit. Im Fass reift er übrigens schon mit den Tränen der Aleppo-Kiefer, dem hellsten, flüssigsten und besten Harz.

Diesen außergewöhnlichen Retsina gibt es erst seit 2005. Wer es lieber klassisch (und günstiger) mag, kann zum »Kechribari« des Gutes greifen, dem ersten Retsina, der bei einem internationalen Wettbewerb eine Medaille gewann.

Aber wie duftet und schmeckt der strohgelbe Wein nun? Er duftet verführerisch würzig nach Kräutern, wie Thymian und Rosmarin, und Lakritz, aber auch nach Vanille und Toast. Am Gaumen gibt er sich wunderbar cremig-buttrig, hat aber auch einen Frischekick zu bieten. Keine Angst: Trotz Harz ist der Wein trocken. Leicht gekühlt (zehn bis zwölf Grad) genießen, lagern lässt er sich für gut fünf Jahre.

Das Harz im Wein kommt übrigens daher, dass im alten Griechenland Wein in Schläuchen aus Ziegenfell aufbewahrt wurde, die mit Harz abgedichtet waren. Das machte ihn haltbarer und veränderte den Geschmack – den die Griechen lieben lernten.

www.kechris.gr | €

ΚΕΧΡΗΣ
ΡΑΔΟΣΗ ΣΕ ΚΙΝΗΣΗ
TEAR OF THE PINE
TROCKENER WEISSWEIN
RETSINA
traditionelle bezeichnung
KECHRIS
ΔΑΚΡΥ ΤΟΥ ΠΕΥΚΟΥ
ΟΙΝΟΣ ΛΕΥΚΟΣ ΞΗΡΟΣ
ΡΕΤΣΙΝΑ
ΟΝΟΜΑΣΙΑ
ΚΑΤΑ ΠΑΡΑΔΟΣΗ
KECHRIS
TRADITION IN MOT
TEAR OF THE PINE
TROCKENER WEISSWEIN
RETSINA
traditionelle bezeichnung
KECHRIS
ΔΑΚΡΥ ΤΟΥ ΠΕΥΚΟΥ
ΟΙΝΟΣ ΛΕΥΚΟΣ ΞΗΡΟΣ
ΡΕΤΣΙΝΑ
ΟΝΟΜΑΣΙΑ
ΚΑΤΑ ΠΑΡΑΔΟΣΗ

39 Bernstein

Metagitnion

Manche Weine nehmen einen schon mit ihrer Farbe ein. So ein Fall ist der Metagitnion von Sclavos, benannt nach dem zweiten Monat des attischen Kalenders (Ende Juli bis Ende August). Der wunderschön bernsteinfarbene Wein ist das Flaggschiff der Sclavos Winery. Er wird hergestellt aus … und schon wird es schwierig, denn die griechische Weinwelt macht es Genießern nicht einfach. Zum einen sind viele Namen von Weingütern und Reben für unsere Zungen schwer auszusprechen, zum anderen haben einige gleich mehrere Namen. Der Metagitnion wird aus Vostilidi gewonnen, einer Rebsorte, die nur auf Kefalonia so heißt. Auf der Insel Zakynthos, dem einzigen anderen Flecken, auf dem sie nennenswert angebaut wird, ist sie dagegen als Goustolidi (August-Juwel) bekannt. Lassen Sie sich weder davon noch vom Etikett abschrecken, das aussieht wie Einsfuffzich und unterstes Regalbrett. Dem Weingut ist Marketing fremd. Dieser Wein von über 100 Jahre alten, wurzelechten Buschreben, die biodynamisch bewirtschaftet werden und auf 600 bis 800 Metern an den Hängen des Aenos auf Kalk wachsen, ist spektakulär. Der Ertrag ist gering, es gibt nur wenige tausend Flaschen pro Jahr, und die Farbe kommt – Überraschung – nicht von einer Maischegärung mit den Schalen, sondern einzig und allein von der Vergärung und dem Ausbau in 500-Liter-Allier-Fässern. Der Metagitnion ist ein absoluter Naturwein: spontan vergoren, keine Schönung, keine Filtration, kein Schwefel.

Seien Sie gewappnet: Der Wein ist zuerst extrem irritierend, so ungewöhnlich sind die Aromen. Es finden sich Rosinen, Feigen, Haselnüsse, reife Aprikosen, Honig, Orangenmarmelade und Karamell, aber auch etwas Wildes, Herausforderndes. Es findet sich enorm viel. Geben Sie dem Wein Luft, geben Sie ihm Zeit. Nicht an einem Tag leeren, sondern über eine Woche. Es ist unglaublich, wie sich der kraftvolle Wein verändert.

www.sclavos-wines.gr | Shop www.stelios-weine.de | €€

Metagitnion
Protected Geographical Indication
Slopes Of Aenos
White dry wine from grapes of organic farming
PRODUCED & BOTTLED BY:
SCLAVOS – ZISIMATOS
KECHRIONAS, CEPHALONIA
PRODUCT OF GREECE
13%vol
750ml

40_Der Wein des Kremls

Kormilitsa Gold

Nur Männer haben Zugang zur mythischen Mönchsrepublik Athos, die sich auf dem gleichnamigen östlichen Finger der Halbinsel Chalkidiki befindet. Für Frauen liegt dagegen 500 Meter vor der Küstenlinie die Grenze. Der Grund: Der Athos heißt auch »to perivóli tis Panagías« (»Der Garten der Gottesmutter«) und ist einzig der obersten Heiligen der orthodoxen Kirche, Maria, vorbehalten.

Mehrere Polizeistationen überwachen die Grenzen der Republik, in der die Uhren anders laufen, und zwar wortwörtlich: Es gilt der julianische Kalender, nicht der gregorianische. Pro Tag haben nur 600 Pilger Zugang, die Genehmigung kostet 30 Euro. Rund 2.300 orthodoxe Mönche (darunter auch russische) leben hier, zumeist in einem der 20 Großklöster – den einheimischen Wein erzeugen sie aber nicht. Das macht Tsantali, eine sehr große Kellerei, die Weinberge in fünf Regionen hat und jährlich fast neun Millionen Flaschen Wein sowie zwei Millionen Flaschen Destillat erzeugt. Knapp ein Drittel aller exportierten griechischen Weine stammt aus dieser Kellerei.

Das alles wäre schon verrückt genug, aber es kommt noch besser. Der »Kormilitsa Gold« aus Athos ist als erster und einziger Tropfen weltweit »Offizieller Wein des Kremls«, weswegen er auch dessen Wappen trägt. 2.000 Flaschen gehen pro Jahr nach Moskau, der Rest wird frei verkauft. Zu einem sehr hohen Preis in einer schwarzen Holzkiste. Ist der Wein das wert? Man zahlt hier auf jeden Fall auch für seine einzigartige Geschichte.

Die scharlachrote Cuvée aus 80 Prozent Cabernet Sauvignon und 20 Prozent Limnio wird für 18 bis 24 Monate in französischen 300-Liter-Fässern ausgebaut (Erst- und Zweitbelegung), danach reift sie 12 bis 24 Monate auf der Flasche. Sie duftet köstlich nach Pflaumen und Waldbeeren, aber auch nach Lakritz, Veilchen und Waldboden. Vor dem Genuss muss man sich weder segnen lassen noch Putins Partei »Einiges Russland« beitreten.

---

www.tsantali.com | €€€€€

The blessing of Holy Mount Athos
KORMILITSA
Wine from Holy Mount Athos
ORGANIC
CABERNET SAUVIGNON AND LIMNIO
Gold Collection

41 Sonnengetrocknet

Nectar

»Der Wein von Samos, der verwirrt schon fürchterlich. Noch ein Glas, denn das Leben ist so schwer« heißt es im völlig zu Recht weitestgehend vergessenen Lied »Der Wein von Samos« von Costa Cordalis. Ein Lied verdient hat der Wein von Samos aber allemal, vor allem der Nectar. Darf bei den normalen Weinen der Insel Alkohol zugegeben, also aufgespritet werden, ist das beim Nectar verboten. Er stammt aus Trauben, die auf Strohmatten getrocknet wurden, und hat nach der Gärung im Schnitt 14 Prozent sowie ordentlich Restzucker. Aber, und das ist der Clou, der bernsteinfarbene Wein mit leichten Rottönen hat auch eine schöne Säure. Er muss mindestens drei Jahre in Eichenfässern und danach zwei Jahre auf der Flasche reifen.

Samos hat zwei große Besonderheiten: In den Weinbergen auf Samos steht seit der Reblaus-Katastrophe Ende des 19. Jahrhunderts fast nur Muskateller (Muscat blanc à petits grains), und eigentlich alle Weinbauern sind in einer Genossenschaft organisiert: der Union of Vinicultural Cooperatives of Samos. Sie wurde 1934 gegründet, und ihr gehören 26 lokale Genossenschaften an, in denen alle Weinbauer der Insel vertreten sind. Die Weine wachsen auf kargen, kalkhaltigen Böden, steil oder auf Terrassen, einige davon extrem klein, auf bis zu 900 Metern. Hier ist nur Handarbeit möglich.

Allzu viele Winzer sind es natürlich nicht, denn die Insel ist gerade einmal 44 Kilometer lang und 19 Kilometer breit und hat nur rund 33.000 Einwohner.

Der Nectar ist der größte Stolz der Inselwinzer, und wer ihn trinkt, weiß sofort wieso. Aromatisch geht enorm viel ab: Rosinen, getrocknete Früchte (vor allem Pflaumen), Honig, Nüsse, aber auch reife Orangen, Nelken und Zimt. Da glaubt man gern, dass es Dionysos war, der den Bewohnern von Samos das Wissen um die Rebkultur als Dank für ihre Unterstützung bei seinem Sieg über die Amazonen geschenkt hat.

---

www.samoswine.gr | Shop www.cava-griechischerwein.de | €€€

Λιαστός
Μοσχάτο Άσπρο
White Muscat
SAMOS
Nectar
ΟΙΝΟΣ ΦΥΣΙΚΩΣ ΓΛΥΚΥΣ - VIN NATURELLEMENT DOUX
ΕΟΣΣΑΜΟΥ

42 Englands Champagner

Classic Cuvée

England haben viele in Sachen Wein noch nicht auf dem Schirm, aber dort gibt es einen regelrechten Boom. Von 2000 bis 2020 hat sich so die Zahl der Weingärten vervierfacht, was in den 1970er Jahren amateurhaft startete – vergessen wir einmal den Weinbau unter den Normannen –, wird heute vielbeachtet. Für hochgezogene Augenbrauen sorgt, für welchen Weintyp das Land heute steht. Waren es vor einem halben Jahrhundert oftmals deutsche Neuzüchtungen wie Bacchus und Reichensteiner, so läutete Nyetimber mit ihrem Premierenjahrgang 1992 die Schaumweinrevolution ein. Zu der gehören die klassischen Rebsorten der Champagne: Pinot Noir, Chardonnay und Pinot Meunier, die in dieser Reihenfolge heute auch die meistangebauten Englands sind. Mehr als zwei Drittel der Produktion werden zu sogenannten Sparklings ausgebaut.

Erwarten Sie aber keine größeren, geschlossenen Anbaugebiete. Die Weingärten sind über das ganze Land verteilt, bis hoch nach York. Die meisten finden sich freilich im Süden, dessen Böden denen der Champagne sehr ähneln. Und das Klima ist so kühl, wie es vor Jahrzehnten in der berühmten französischen Region war. Kein Wunder, dass die Champagnerhäuser Pommery (Pingleston Estate) und Taittinger (Domaine Evremond) Güter auf der Insel gegründet haben. Rund dreißig Weingüter haben internationale Bedeutung und besitzen die Hälfte der Rebfläche. Nyetimber ist mit rund 1,5 Millionen Flaschen Jahresproduktion der mit Abstand größte Erzeuger von Sparklings und besitzt über 250 Hektar Anbaufläche.

So exotisch England in Sachen Wein auch klingen mag, erwarten Sie nicht, Schnäppchen machen zu können. Ganz im Gegenteil: Es gibt wenig Wein, aber die Nachfrage ist groß.

Die großartige »Classic Cuvée« ist jeden Euro wert. Herrliche Röstnoten, dazu Mandel, Bratapfel, trocken, aber nicht knochentrocken, klasse Perlage. Jagt vielen Champagnern eine Heidenangst ein!

---

www.nyetimber.com | €€€

CLASSIC CUVEE
NYETIMBER
PRODUCT OF ENGLAND
BRUT
ALC 12% VOL
ENGLISH PROTECTED DESIGNATION OF ORIGIN TRADITIONAL METHOD
GROWN & PRODUCED BY NYETIMBER WEST CHILTINGTON, UK
750 ML

43 Ein Prophet im Land der Propheten

James

Es ist eine Binsenweisheit, dass Wein die Menschen zusammenbringt. Manchmal gelingt dem vergorenen Rebensaft dies auch über Grenzen, manchmal sogar über Kontinente. »Twin Wineries« ist eine Initiative zur Förderung des deutsch-israelischen Dialogs. Vergleichbar dem Konzept der Partnerstädte, bietet das Netzwerk Winzern einen Rahmen zur Begegnung. Jeweils ein deutsches und ein israelisches Weingut bilden eine lockere Partnerschaft. Beim Rheingauer Spitzenweingut Kaufmann ist es die Seahorse Winery von Ze'ev Dunie. Der ist ein echter Typ: weißer Rauschebart, Glatze vorne oben, mit Haarpracht drum herum. Sieht aus wie ein alttestamentarischer Prophet – und ist gewissermaßen auch einer.

Der Halb-Tscheche und Halb-Litauer, dessen Vater in Berlin aufwuchs, war früher einmal beim Film tätig, dann verschlug es ihn zum Wein und in die Jerusalem Mountains. Seine Garage Winery erzeugt nur kleine Mengen, von einigen Cuvées kaum mehr als 500 Flaschen.

Einer seiner seltenen Weine ist »James«. Er stammt – und das ist ungewöhnlich in Israel – von einem über 40 Jahre alten Weinberg. Ebenfalls ungewöhnlich ist, dass er mit Chenin Blanc bestockt wurde. Das unwahrscheinlichste ist jedoch, wie gut er ist und welcher Aufwand für ihn betrieben wird. Der Weinberg liegt rund 40 Kilometer von der Winery entfernt, nur die ersten Stunden nach Sonnenaufgang wird er gelesen, danach wird es zu warm. Per Kühllaster werden die Trauben ins Weingut gebracht und in gebrauchten Barriques vergoren. Den gleichermaßen frischen wie herrlich würzigen Wein würde fast jeder in einer Blindprobe in Vouvray verorten, dem gelobten Land der Chenin-Blanc-Rebe.

Ze'ev Dunie gelingt ein vergleichbarer geographischer Zaubertrick mit seinem »Antoine«, einer Cuvée aus Syrah, Grenache, Mourvèdre, die wie ein Châteauneuf-du-Pape schmeckt.

www.seahorsewines.com | www.kaufmann-weingut.de/shop | €€

SEA HORSE
WINERY

44_Tanz auf dem Vulkan

Cisterna Fuori

Eine Caldera ist, grob gesagt, ein Vulkankrater. Bedeckt mit vulkanischem Boden und zum Rand sanft ansteigend. Mikroklimatisch eine eigene Welt. Der »Cisterna Fuori« von Biondi wächst auf einer Caldera südlich des Ätnas, auf 700 Höhenmetern, sodass die Reben das Meer sehen können. Es sind besondere Reben, die man sonst auf der Welt kaum findet. Vor allem Nerello Mascalese, aber auch die Unterart Nerelle Cappuccio – außer auf Sizilien werden sie nur noch in Kalabrien angebaut. Nach der Nero d'Avola sind dies die beiden am häufigsten angebauten Sorten der Mittelmeerinsel. Sie bildet mit ihren rund 113.000 Hektar Rebfläche die größte Weinregion Italiens (zu der auch die Liparischen Inseln sowie die Insel Pantelleria gehören).

Obwohl die Nerello mit der Sangiovese-Traube verwandt ist, erinnert sie geschmacklich mehr an Nebbiolo. Ganz erstaunlich ist, dass sie zwar viel Tannine, aber wenig Farbpigmente mit sich bringt. Die Reben stehen in der Albarello-Erziehung, dem vermutlich ältesten Erziehungssystem, einst von den Griechen erfunden. Es gleicht dem von der Mosel bekannten Einzelpfahl, allerdings werden die Stöcke so kurz geschnitten, dass sie im Verlauf des Reifejahres weder Drähte oder Rahmen benötigen. Die Herstellung der dafür benötigten Buschform erfordert über das Jahr viel Handarbeit. Die Theorie besagt, dass sich Wind, Sonne und Bienen um einen Rebstock bewegen können müssen.

Der Krater, an dessen Rand der Weinberg »Cisterna Fuori« (»Die Zisterne draußen«) liegt, stammt aus dem Jahr 125 vor Christus, nur rund 2.000 Flaschen werden pro Jahr erzeugt. Es lohnt sich sehr, eine davon zu ergattern und zu öffnen. Der Wein ist rustikal, zupackend, kraftvoll und unbändig. Klingt nach einem Raufbold am Gaumen, aber all das geht herrlich schlüssig zusammen, verbindet sich mit Frische, Aromen von roten Waldbeeren und Lakritz. Feurig? Definitiv!

www.ibiondi.com | Shop www.weinhalle.de | €€€

C. & S. BIONDI PROPRIETARI IN TRECASTAGNI
ETNA D.O.C. ROSSO
cisterna fuori
CONTRADA RONZINI

45 Spektakuläre Heimat

Cinqueterre

Mit Superlativen sollte man vorsichtig sein, aber an dieser Stelle haue ich trotzdem mal einen raus: Cinque Terre ist die spektakulärste Weinlandschaft der Welt. Es handelt sich um gerade mal fünf malerisch-bunte Dörfer an der ligurischen Riviera, die jahrhundertelang nur zu Fuß oder über den Seeweg erreichbar waren. Rundherum die Macchia mediterranea, eine immergrüne Gebüschlandschaft. Das Besonderste an dieser ohnehin besonderen Landschaft ist aber, wie spektakulär schroff die Küste abfällt und wie die unzähligen kleinen Terrassenweinberge steil daran hängen. Kein Wunder, dass die Region ein Nationalpark ist, in dem nichts gebaut oder verändert werden darf. 1997 wurden die Cinque Terre zudem zum UNESCO-Welterbe erklärt.

Eine Gegend, in die man sich verlieben kann, was wohl auch Elio Altare so gegangen ist. Ja, *der* Elio Altare, Erneuerer des piemontesischen Weins, die Legende aus La Morra. Gemeinsam mit einem Freund startete er in Riomaggiore, direkt am Meer, ein Ein-Zimmer-Weingut, das gerade mal 7.000 Flaschen im Jahr produziert. Ein Zeichen für die Region, in der seit der Antike Wein angebaut wird, der aber die Jugend davonläuft, die nicht mehr in den gefährlich steilen und nur händisch zu bewirtschaftenden Weinbergen arbeiten will.

Die heimischen Rebsorten Bosco und Abarola bilden die Cuvée des »Cinqueterre Bianco« – einer von nur drei Weinen des Gutes. Es ist ein »Orange Wine«, aber Altare mag den Begriff nicht. Vier Tage lässt er die Bio-Trauben mit Schalen bei einer kontrollierten Temperatur von 12 Grad in Edelstahltanks mazerieren. Später bleibt der Wein bis zur Abfüllung auf der Hefe, wird weder geschönt noch filtriert und nur minimal geschwefelt. Im komplexen Bouquet finden sich Limetten, mediterrane Kräuter, aber auch Apfel, Melone, und florale Noten. Am Gaumen mit genialer Säurestruktur und langem Nachhall. So spektakulär wie die Landschaft!

www.elioaltare.com | Shop www.koelner-weinkeller.de | €€€

Cinqueterre
DENOMINAZIONE DI ORIGINE CONTROLLATA
2018
IMBOTTIGLIATO ALL'ORIGINE DA - ESTATE BOTTLED BY
AZIENDA AGRICOLA CAMPOGRANDE
ALTARE - BONANNI
VITICOLTORI
RIOMAGGIORE (SP)
WHITE WINE - PRODUCT OF ITALY
UNFINED - UNFILTERED
750 ml
12,5% VOL. - ALC. 12.5% BY VOL.
CONTIENE SOLFITI CONTAINS SULPHITES ENTHÄLT SULFITE INDEHOLDER SULFITTER
I.C.Q.R.F. SP1569
L. 1/2018

46_Der Einäugige

Chianti Classico

Das Chianti, besonders die Kernregion Chianti Classico, ist irre bekannt in der Weinszene. Aber der Ruf ist mittlerweile ruiniert, durch unzählige rundgelutschte, extrem langweilige Weine, die ohne Ecken und Kanten versuchten, totaler Massengeschmack zu sein, und bei denen vergessen wurde, was die berühmte Region eigentlich ausmacht.

Der gebürtige Brite Sean O'Callaghan ist einer von denen, die das aktuell zeigen. Seine Weine sind Sangiovese pur. Über ein Vierteljahrhundert war er Kellermeister bei »Riecine« (das jetzt einem russischen Investor gehört), seitdem gibt er bei der »Tenuta di Carleone« Gas. Einen seiner Weine nennt er »Il Guercio« – »der Einäugige«. Und damit meint er sich selbst, denn O'Callaghan ist seit Geburt auf einem Auge blind. Mit dem anderen hat er in Sachen Wein aber den totalen Durchblick. Das naturnah bewirtschaftete 20-Hektar-Weingut (zu dem auch zehn Hektar Olivenhaine gehören) liegt im Herzen des Chianti Classico, und der »Chianti Classico« ist ein hundertprozentiger Sangiovese. O'Callaghan ist kein Dogmatiker, sondern reagiert auf jeden Jahrgang mit Fokus auf die pure Sangiovese-Frucht. Die spontane Fermentation findet im Edelstahl, in Zementtanks oder offenen Fässern statt, die Mazeration dauert 40 bis 60 Tage (!). Der Wein reift dann in Edelstahl und Zementtanks, Holz kommt nicht zum Einsatz, denn es geht eben um die unverfälschte, faszinierende Sangiovese-Frucht. Selbst wenn der Wein jahrgangsbedingt mal etwas mehr Alkohol hat, schmeckt er immer kühl und frisch. Im Duft ein echter Verführer mit Himbeere, Zwetschge und Wiesenkräutern, am Gaumen straff mit animierender Säure und Sauerkirscharomen, die geradezu rasant sind. Und vor allem ist der Wein saftig ohne Ende. Ein Tropfen, der einen aufs Köstlichste daran erinnert, was man einmal an Chianti geliebt hat – und für die Qualität im Glas ein echtes Schnäppchen.

www.winery.tenutadicarleone.com | €€€

DOCG
Tenuta di Carleone
. CHIANTI CLASSICO .

47 Weißbier

Prosecco Bio Frizzante Col Fondo

Auf der Flasche pappt tatsächlich ein Sticker mit der Aufschrift »Shake it!«. Und das bei einem Wein mit Prickel! Kein Wunder, dass alle Abstand nehmen, als ich die Prosecco-Flasche tüchtig schüttele und danach den Korken mit einem Kellnermesser raushole. Aber: Alle bleiben trocken. Kein Schäumen, kein Spritzen. Der Prosecco ist jetzt allerdings trüb. Aber das muss genauso.

Die uralte Methode, die dazu führt, heißt »Col Fondo«. Die zweite Gärung verläuft – genau wie beim Champagner – auf der Flasche. Ist sie abgeschlossen, wird der Prosecco nicht degorgiert, also von der Hefe getrennt, sondern sie bleibt einfach drin und wird später aufgeschüttelt. Was beim Weißbier ganz normal ist, ist es auch beim »Col Fondo«, der Urform des Proseccos. Weil die Hefe auf der Flasche ist, bleibt der Wein übrigens länger frisch. Falls Sie lieber keinen trüben Wein trinken, können Sie das Schütteln aber auch einfach sein lassen und den Wein vorsichtig eingießen. Dann ist er blank, schmeckt aber etwas weniger saftig.

Der Wein aus der Glera-Traube (die früher Prosecco hieß) hat nur wenig Alkohol (um zehn Prozent) und nichts mit der süßklebrigen Plörre zu tun, die man als Prosecco kennt. Er ist herrlich trocken, mit Aromen von Birne, Apfel und Zitrusfrüchten. Noch dazu in Bio-Qualität, und all das für kleines Geld. Corvezzo ist mit 160 Hektar Weinbergen ein großes Gut, gleichzeitig ein echter Vorbild-Betrieb, der beim Neubau der Kellerei eine Photovoltaikanlage einplante.

Der Wein ist übrigens ein Frizzante und kein Spumante. Frizzante ist ein Perlwein, wogegen Spumante ein Schaumwein ist – wie Champagner oder Sekt. Der Unterschied wird im Namen deutlich: Der Perlwein perlt, der Schaumwein schäumt. Es ist also weniger Druck und weniger Sprudel im Frizzante. Und falls Sie sich schon immer gefragt haben, was der Plural von Prosecco ist: Prosecchi. Proseccos geht aber auch.

www.corvezzo.it | Shop www.vipino.de | €

TV 13465
DOC

48 Phönix aus der Asche

Cerasuolo di Vittoria Classico

Der Ätna ist nicht nur das südlichste Anbaugebiet Italiens, sondern neben Südtirol das am höchsten gelegene, mit Weingärten bis in 1.300 Meter (der Ätna ragt 3.400 Meter empor). Diese Besonderheiten haben das Gebiet aber nicht davor geschützt, dass der Weinbau fast vier Jahrzehnte am Boden lag und kurz davor war, aufgegeben zu werden. Anfang der 1990er Jahre gab es gerade einmal eine Handvoll Winzer – heute sind es über hundert. Einer der neuen Weingutsbesitzer ist Mick Hucknall, Sänger der Neo-Soul-Band »Simply Red«.

Der Weinbau findet hier einzigartige Voraussetzungen. Neben dem mineralischen Vulkangestein, das enorme Mengen Wasser speichern kann und selbst in heißen Sommern grünstrotzende Rebstöcke ermöglicht, sind es die kühlen Fallwinde des Vulkans. Im Gegenzug muss man die stetige Angst vor Eruptionen und das oft zu hörende Grollen hinnehmen. Der Ätna macht dem Menschen klar, wer der Herrscher ist.

Der einzige Wein Siziliens mit DOCG-Status ist der »Cerasuolo di Vittoria«. Er darf erst ab dem 1. Juni des auf die Lese folgenden Jahres in den Verkauf gehen, der Classico sogar erst ab dem 31. März des zweiten Jahres nach der Lese. Die Lagerfähigkeit dieses Weines ist legendär, mehr als 30 Jahre schreibt man ihm zu. Der Beste stammt vom erst 1980 gegründeten heutigen 30-Hektar-Weingut Cos, hinter dem zwei gelernte Architekten stehen, die sich selbst ausdrücklich als Künstler des Weinmachens definieren. Ihr rubinroter Bio-Classico (eigentlich sogar biodynamisch erzeugt) aus 60 Prozent Nero d'Avola aus dem slawonischen Eichenholzfass und 40 Prozent Frappato, der im verglasten Zementbecken gereift ist, duftet herrlich nach Wildkirschen, getrockneten Blumen und Unterholz, ist am Gaumen samtig und gleichermaßen kraftvoll wie grazil. Die Nero-d'Avola-Traube ist der kantige, die Frappato der filigrane Partner. Ein vulkanischer Zungentanz sizilianischer Art!

www.cosvittoria.it | €€

49 Nur 24 Stunden

Valtènesi DOC Chiaretto Rosa Mara

Es hat etwas Poetisches, dass dies der Wein eines Tages und einer Nacht ist. Dahinter steckt eine Art der Rosé-Herstellung, die schon im 18. Jahrhundert durchgeführt wurde: »Vinificazione a Lacrima«, die Tränen-Vinifikation. Dabei wird nur der »freilaufende« Most gesammelt, der ohne jegliche Pressung aus den Trauben fließt. In diesem Fall über 24 Stunden, weshalb er auch als »Vino di una notte« bezeichnet wird. Die Kunst ist, den Moment abzupassen, in dem aromatisch und farblich alles perfekt passt. Dieser Most wird als »Herz der Traube« bezeichnet.

»Chiaretto« ist nichts anderes als die örtliche Bezeichnung für einen Rosé, wobei der aus der Region Valtènesi (westlich des Gardasees) per Gesetz auf eine bestimmte Art hergestellt werden muss – als einziger Rosé Italiens. Die Technik nennt sich Direktpressung, was bedeutet, dass die Trauben direkt gepresst werden müssen und somit nur in diesem Zeitraum Farbe aus den Traubenhäuten gelöst wird. Kein Wunder, dass man dann sanft presst, um zumindest 24 Stunden Zeit zu haben, um dem Wein Farbe zu verleihen.

Der zart rosafarbene »Rosa Mara« von Costaripa (was »Steiles Gefälle« bedeutet) ist ein wunderbarer Vertreter dieser Rosé-Spielart, gewonnen aus den Rebsorten Groppello Gentile (der größte Anteil), Sangiovese, Barbera und Marzemino (In Mozarts Oper »Don Giovanni« heißt es: »Versa il vino. Eccellente marzimino!«). Die Hälfte davon vergärt und reift für ein halbes Jahr in Barriques. So zart die Farbe, so zart sind auch Duft und Geschmack. Himbeeren, Amarenakirsche, Granatapfel, Weißdorn und Süßmandel, am Gaumen dann frisch und elegant. Vom Gardasee kommt eine ganze Menge Plörre, die an Touristen verkloppt wird, denen im Urlaub nicht auffällt, was sie im Glas haben. Der Rosa Mara wächst auf einer Kiesmoräne mit Lehm und zeigt, wozu die Region fähig ist, wenn auf die Details geachtet wird. Ganz wichtig dabei: Handlese in den frühen Morgenstunden, um die Frische zu erhalten!

www.costaripa.it | Shop www.garibaldi.de | €€

COSTARIPA
COSTARIPA®
RosaMara
DA UVE GROPPELLO, MARZEMINO, SANGIOVESE E BARBERA
PRODOTTO IN ITALIA
IL VINO DI UNA NOTTE®
Ogni anno un attimo da cogliere al volo, un solo momento, per fissare, esaltandola, la qualità di una vendemmia seguita in ogni fase. Il ROSAMARA nasce poche ore dopo la pigiatura, nel pieno della notte, quando il cantiniere separa il mosto dalle bucce per stabilire, insieme, la giusta tonalità e intensità del colore; l'apice dei profumi fruttati, la ricchezza delle sensazioni fresche e la persistenza di quelle sapide.

50_Erdnusssauce?

Satèn

Franciacorta ist die Champagne Italiens. Und Satèn hat nichts mit Erdnüssen zu tun, sondern alles mit einer Spielart des Schaumweins, die sich nur hier findet. Ein Franciacorta Satèn ist immer ein Blanc de Blancs und darf höchstens fünf Bar haben. Zum Vergleich: Perlwein liegt zwischen ein bis 2,5, Schaumwein muss mindestens drei Bar haben, Champagner liegt aber auch mal bei sechs Bar. Satèn ist also einen Hauch weniger sprudelnd – eher wie Satin, was der Name übersetzt bedeutet. Ein Satèn ist zudem immer brut, nur Riservas dürfen auch als »Dosaggio zero« oder »Extra brut« abgefüllt werden.

Ferghettina ist einer der Stars in Franciacorta und berühmt dafür, einige seiner Sprudler seit 2007 in viereckige Flaschen abzufüllen. Was wie eine reine Designentscheidung aussieht, hat einen wissenschaftlichen Hintergrund. Ferghettina arbeitet nach der Metodo Classico, also der klassischen Champagner-Methode, bei welcher der Schaumwein auf der Flasche mit der Hefe reift, in der er später auch verkauft wird. Bei der von Matteo Gatti (aus der Besitzerfamilie) entworfenen Flasche haben Wein und Most mehr Oberflächenkontakt, und zwar stattliche zweieinhalbmal so viel wie bei einer normalen Flasche. Denn was man von außen nicht sieht: Die Seiten der am Boden quadratischen Flasche verlaufen flach zum Hals. Das macht den Wein cremiger und körperreicher. Per Diplomarbeit bewiesen!

Insgesamt 200 Hektar bewirtschaftet Ferghettina, biologisch zertifiziert, und von zwanzig Parzellen stammen die Trauben für den Satèn, einen hundertprozentigen Chardonnay, von dessen Grundwein rund zehn Prozent in Barriques ausgebaut werden. Drei Jahre reift der Wein auf der Hefe, und was einen direkt begeistert, ist diese feine, weiche, geradezu zarte Perlage – spürbar anders. Aromatisch finden sich neben leichten Brioche-Noten kandierte Früchte und reife Zitrusnoten. Eine zarte Köstlichkeit!

---

www.ferghettina.it | Shop www.garibaldi.de | €€€

FERG
FERGHETTINA
Franciacorta
Satèn

51 Aus der Not

Lezèr

Weil Newton ein Apfel auf den Kopf fiel, kam er auf die Gravitationsgesetze. Ein glücklicher Zufall? Glück im Unglück? Gibt es nicht nur in der Physik, sondern auch im Weinbau. Im August 2017 zerstörte Hagel rund 40 Prozent der Ernte des Trentiner 26-Hektar-Spitzenweingutes Foradori. Bei dem biodynamisch zertifizierten Betrieb hatte man schon länger darüber nachgedacht, mal einen leichten Wein aus der autochthonen Rebsorte Teroldego zu keltern, die das Weingut erst wieder zur Blüte geführt hatte – unter anderem mit dem legendären »Granato«. Teroldego soll schon beim Konzil von Trient gereicht worden sein, auf dem unter anderem beschlossen wurde, dem Missbrauch im Ablasswesen einen Riegel vorzuschieben. Man kommt beim Genuss der Rebe also anscheinend auf gute Gedanken!

Gut war auch der Gedanke der Foradoris: Sie machten aus der Not eine Tugend und unternahmen mit dem spärlichen Ertrag des Horrorjahres, der wegen der Hagelschäden an den Beeren nicht für Rotwein verwendet werden konnte, einen Versuch in Richtung leichtfüßiger Teroldego. Für den Namen der Rebe gibt es übrigens zwei Erklärungen: der Ortsteil Teroldeghe der Gemeinde Mezzolombardo oder der deutsche Name »Tiroler Gold« – leider die unwahrscheinlichere Variante.

Für den »Lezèr« (»Leicht«) experimentierten die Foradoris mit dem Ausbau in Amphoren, Holz, Beton und Stahl, wobei der Most nie länger als 24 Stunden Schalenkontakt hatte. Schließlich kombinierten sie die besten Ergebnisse zu einem herrlich leichten, aber kein bisschen eindimensionalen hellroten Tropfen, der als kontinuierliches Experiment bezeichnet wird (manchmal werden zehn Prozent andere Sorten zugemischt). Der unfiltrierte Wein duftet nach Himbeere, Erdbeere und Veilchen, ein bisschen Rauch gesellt sich am Gaumen dazu, der wunderbar trocken und frisch daherkommt. Genau zwischen Rosé und Rotwein. Im Nachhinein: Danke, Hagel!

www.agricolaforadori.com | €

LEZÈR

52 Gefängniswein

Costa Toscana IGT »Gorgona«

34 Kilometer vor der Hafenstadt Livorno im Tyrrhenischen Meer liegt die Isola di Gorgona, die kleinste Insel des toskanischen Archipels. Seit 1869 beherbergt sie das einzige Inselgefängnis Europas, eine kleine landwirtschaftliche Strafanstalt. Häftlinge verbringen dort die letzte Zeit ihrer Strafe und lernen Fähigkeiten, die ihnen die Wiedereingliederung ins Arbeitsleben erleichtern sollen. Rund 70 Häftlinge kümmern sich um Nutztiere, produzieren Wein, Käse und Honig, bearbeiten einen Gemüsegarten – und zwei Hektar Weinberge. Partner des 2012 gestarteten Projekts ist die weltberühmte Florentiner Adelsfamilie Frescobaldi (ein Urahn baute die erste Holzbrücke über den Arno), die seit sieben Jahrhunderten im Weingeschäft ist und zu den größten Weinbergsbesitzern ganz Europas gehört. Man war immer schon offen für Neues, und so war Frescobaldi das erste Gut, das in der Toskana Chardonnay, Cabernet, Merlot und Pinot Noir anpflanzte.

2015 wurde auf Gorgona die erste richtige Ernte eingefahren und ein Rosso aus den Rebsorten Sangiovese und Vermentino Nero erzeugt. Im selben Jahr wurde ein Weinberg mit Vermentino (in der Provence »Rolle« genannt) und Ansonica (auch als Insolia bekannt) angelegt, um auch einen Weißwein produzieren zu können. Die Reben stehen an der einzigen Stelle der rund zwei Quadratkilometer großen Insel, die windgeschützt ist, in einem natürlichen Amphitheater, von dem aus die sämtlich biologisch bewirtschafteten Rebstöcke auf das Meer blicken.

Der Gorgona ist ein Wein der Hoffnung auf eine bessere Zukunft – aber wenn er nicht schmecken würde, hätte er keinen Platz in diesem Buch. Doch genau das tut er – und duftet würzig nach der mediterranen Macchia, die sich auf Gorgona findet, hat aber auch fruchtig-exotische Noten wie Papaya, reife Ananas und Limette. Das mit dem Wein erwirtschaftete Geld wird übrigens auf der Insel reinvestiert.

www.frescobaldi.com | €€€€€

8ª edizione straordinaria dell'isola
TOSCANA I.G.T.
GORGONA
VENDEMMIA
VERMENTINO - ANSONICA
LA PICCOLA ISOLA CHE FA GRANDE
In mezzo al Santuario Pelagos, meravigliosa area marina nata dall'accordo di tre stati, Francia, Principato di Monaco e Italia per proteggere i mammiferi marini, sorge la piccola Gorgona. All'interno di un ecosistema unico di oltre 87.500mq, il Mediterraneo, che rappresenta lo 0,82% della superficie degli oceani e lo 0,32% del loro volume, dove coesistono tra il 4 e il 18% delle specie marine mondiali, più di 8.500 varietà, Gorgona rappresenta da sola uno scrigno di biodiversità.
UN'EMOZIONE UNICA
Il piccolo tratto di mare dell'Arcipelago Toscano che circonda Gorgona, preservato da ogni azione dell'uomo, racchiude infatti un insieme di organismi animali e vegetali tra i più vari nell'ambito regionale ed è frequentato da quasi tutte le specie del Santuario dei Cetacei.
UN GIOCO DI EQUILIBRI
I fondali di Gorgona ospitano numerose specie vegetali ed animali, di fondamentale importanza per l'ecosistema.
Dai piccoli organismi come i denti di cane e il pomodoro marino, alla specie principe di Gorgona,

53 Meister der Amphore

Ribolla

Wenn jemand fragt, wo die Amphoren-Revolution des europäischen Weinbaus ihren Anfang nahm, ist die Antwort einfach: bei Joško Gravner. Natürlich holte er sich Wissen und Amphoren aus dem Kaukasus, wo die Technik seit Jahrtausenden angewendet wird, aber erst durch ihn wurde sie in Italien und dann in allen großen Weinbaunationen wiederentdeckt.

Dabei wandelte Francesco »Joško« Gravner sich vom Saulus zum Paulus, vom Technikhörigen zum absoluten Minimalisten, zum Vorbild in Sachen Naturwein und Orange Wine (obwohl er den Begriff nicht mag, weil er seiner Meinung nach für oxidierte Weine steht, außerdem seien seine Weißweine bernsteinfarben). In den Hügeln des Collio, an der italienisch-slowenischen Grenze, bewirtschaftet er knapp 18 Hektar Rebberge – von denen sich der Großteil in Slowenien befindet.

Die Trauben werden von Gravners Team extrem spät gelesen und dann in rund 40 Amphoren mit einem Fassungsvermögen von 1.300 bis 2.400 Litern mit wilden Hefen lange mazeriert. Sie sind bis zum Hals im Erdreich eingegraben, was für konstant kühle Temperaturen sorgt. Danach wird die Maische wieder herausgeholt, der Wein wird abgepresst und wandert für fünf weitere Monate zurück in die Amphoren. Danach folgen sechs Jahre in großen Eichenholzfässern. Er wird ungeschönt und unfiltriert abgefüllt.

Es dauert insgesamt sieben Jahre, bevor der Ribolla auf den Markt kommt. Gravner glaubt an die Sieben, denn die biologische Entwicklung des Menschen laufe in Sieben-Jahres-Schritten ab. Pro Rebstock belässt er auch sieben Triebe. Die gelbe Ribolla, eine alte italienische Sorte, ist seine Lieblingsrebe. Gravners Weine daraus duften nach Salbei, Minze, Honig, Orange und sind am Gaumen zupackend und gleichermaßen seidig. Am besten genießt man sie aus einem der von Joško Gravner kreierten Gläser: ohne Stiel, in Form einer runden Tasse, mit zwei Mulden für Finger. So ungewöhnlich wie ihr Schöpfer!

www.gravner.it | Shop www.weinco.de | €€€€

GRAVNER

54_Gläserne Produktion

»L'Avvelenata« Freisa

Lässt man unter Weinfreaks den Namen Walter Massa fallen, kommt pawlowsch »Timorasso« zurück, denn für die Weine aus dieser autochthonen weißen Rebsorte ist der piemontesische Winzer berühmt. Er hat sie quasi im Alleingang der Vergessenheit entrissen. Italien hat nicht viele Weißweine, die international Reputation genießen, diese aus der Region Colli Tortonesi im Südosten des Piemonts gehören ganz sicher dazu.

Verliebt habe ich mich aber auch in einen anderen Wein Massas, dem kaum Aufmerksamkeit zuteilwird, dabei handelt es sich auch bei Freisa um eine autochthone Rebsorte, die es verdient hat, dass man sich ihrer annimmt – weil sie im Glas ebenso einzigartig wie faszinierend ist. Ampelographisch handelt es sich um einen bäuerlichen Vorfahren der edlen Nebbiolo-Traube. Es gab Zeiten, da wurde Freisa mehr geschätzt als Nebbiolo!

Wer überhaupt schon einmal Freisa getrunken hat, dann wahrscheinlich in einer sprudelnden Version mit Restsüße. Sehr beliebt vor Ort. Der Freisa von Maestro Massa (übrigens eine echte Type) sprudelt nicht, aber er macht so viel Spaß am Gaumen, als täte er. Ein würzig-rotbeeriges Vergnügen, auch ein bisschen Rosenblüten finden sich, am Gaumen schlank mit animierender Säure. Am besten etwas gekühlt genießen. Und dann raten Sie, worin der Wein ausgebaut wurde. Holz? Stahl? Beton? Nein, in Glasballons. Genauer in »Damigiani« mit einem Fassungsvermögen von je 54 Litern. Glas isoliert nicht, deshalb kann es während der Gärung mit wilden Hefen hoch hergehen.

Benannt ist der Wein nach einem Song des italienischen Singer-Songwriters Francesco Guccini aus dem Jahr 1976. In der Zeile des Lieds, das übersetzt »Der Vergiftete« heißt, findet sich die Zeile: »Ich mag es, Lieder zu machen und Wein zu trinken, ich mag es, eine Schweinerei anzurichten, ich wurde als Dummkopf geboren.« Passt zu diesem verrückten und extrem trinkigen Wein!

www.facebook.com/vignetimassa/ | Shop www.gute-weine.de | €€

l'avvelenata
MARCA OBERTENGA
ma se io avessi previsto tutto questo,
dati causa e pretesto...
VIGNETI MASSA
1879
MASSA FRATELLI, AZIENDA AGRICOLA
DAL 1879 IN MONLEALE - ITALIA

55 Perfekt zu Erdbeeren

Moscato d'Asti »Mistral«

Auf der Liste der Weine mit dem miesesten Ruf steht Moscato d'Asti ganz oben, direkt neben Lambrusco und Liebfrauenmilch. Und auch beim Moscato d'Asti ist der miese Ruf redlich verdient – allerdings gibt es auch bei dieser Spezialität Exemplare, bei denen man sich sehr glücklich schätzen kann, sie im Glas zu haben. Auftritt: der »Mistral« von Molino, ein 1991 gegründetes 14-Hektar großes Bio-Weingut, das von den Brüdern Tommaso, Franco und Datio Molino geführt wird. Benannt nach dem kühlen Fallwind aus den Alpen, der die feine Säure im Wein begünstigt.

Aber was ist Moscato d'Asti überhaupt? Mancher würde sagen: sehr süße, strohgelbe Limonade mit einem Hauch Alkohol – zwischen 4,5 und 6,5 Prozent. Erzeugt wird Moscato d'Asti in den italienischen Provinzen Asti, Cuneo, Alessandria und Piemont, und zwar ausschließlich aus der Rebsorte Moscato Bianco, die in Deutschland als Gelber Muskateller und in Frankreich als »Muscat à petits grains blancs« bekannt ist. Der Most wird in großen Druckbehältern vergoren, aus denen die Gärkohlensäure nicht entweichen kann. Erfunden hat die Methode der italienische Önologe Federico Martinotti, der Franzose Eugène Charmat perfektionierte sie 1907, indem er Tanks entwickelte, die dem entstehenden Druck problemlos standhielten. Der Grund für diese neue Technik war natürlich, dass sie viel günstiger ist als die klassische Methode mit zwei Gärungen, die zweite davon auf der Flasche. Das hat zur Folge, dass Moscato ein Prickler zum günstigen Preis ist. Aber wenn er es wie der »Mistral« von Molino schafft, herrlich süße Saftigkeit zu bieten, und köstliche Fruchtnoten von Pfirsich, Aprikose, gelbem Apfel, aber auch Zitrus, Salbei und Orangenblüte sowie einen feinen Hauch Muskat, dann ist er einer der Weine mit dem größten und unkompliziertesten Spaßfaktor weltweit! Eiskalt (vier bis sechs Grad) im Sommer ein großes Vergnügen, aber auch als Begleiter zu (nicht zu süßen) Kuchen, Keksen oder Früchten. Jung genießen!

www.molinovini.com | Shop www.weinamlimit.de | €

ALBEISA
MOSCATO d'ASTI
DENOMINAZIONE DI ORIGINE CONTROLLATA E GARANTITA
Mistral

56 Vom Kriegsberichterstatter

Cuvée Suzanne

Der gebürtige Däne Peter Vinding-Diers war in seinem ersten Leben Reporter und Kriegsberichterstatter in Vietnam, dem Jemen, Malaysia, Indonesien, Hongkong und Nigeria. Leben Nummer zwei führte ihn als Weinmacher nach Südafrika (Rustenberg), dann nach Bordeaux (Château Rahoul), Kenia, Spanien, Chile und Ungarn (Royal Tokaji Wine Company). Und er machte nicht einfach nur Wein, nein, er revitalisierte Graves im Bordelais in den 1980er Jahren, erfand Tokajer in den frühen 1990er Jahren neu und belebte in den späten 1990er Jahren Ribera del Duero, als er seinen Neffen Peter Sisseck dazu antrieb, dort ein neues Weinprojekt ins Leben zu rufen – die nun weltberühmte Bodega Dominio de Pingus.

Leben Nummer drei findet auf seinem Altersruhesitz Sizilien statt, wo er die wohl besten Syrahs Italiens auf die Flasche bringt. 2006 pachtete Vinding-Diers drei Hektar mit Syrah, später pflanzte er selbst mit Material der berühmten Rebschule Guillaume an der Côte-Rôtie. Syrah ist übrigens eng verwandt mit der Nero d'Avola, dem aktuellen Star der Mittelmeerinsel – kein Wunder, dass sie hier großartig gedeiht.

Die »Cuvée Suzanne« kostet nur die Hälfte der absoluten Spitzengewächse und ist für mich vom Preis-Genuss-Verhältnis die beste Wahl. Sie ist eine Vermählung von alten sizilianischen Syrah-Klonen aus Noto mit jenen der Einzellagen »Vigna Grande« und »Il Vignolo«, wo die neuen französischen Syrah-Klone stehen. Dieses Zusammenspiel ist geschmacklich enorm reizvoll. Ausgebaut wird der Wein in gebrauchten Barriques bester Provenienz, denn Vinding-Diers hat herausragende Verbindungen. Seine »Suzanne« (benannt nach seiner Frau) ist wie alle seine Syrahs: Hermitage trifft Burgund, trifft die Reichhaltigkeit Siziliens, ist seidig, wollüstig, erdig-würzig.

Wenn Sie mehr über diesen faszinierenden Mann wissen wollen, lesen Sie seine Biografie »Viking in the Vineyard. Stories from a Revolutionary Winemaker« (2021).

www.montecarrubo.com | €€€

QUANT A SOI
Cuvée Suzanne
FOR FAMILY & FRIENDS
VINDING MONTECARRUBO
I.G.T. Terre Siciliane
Bottled by Peter Vinding - Diers
Montecarrubo - Melilli (SR) - Italy
Contains Sulphites - Product of Italy - Not filtered
e 75 cl
L 0620
Vol 12,5%

57 Lord Voldemort des Weins

Blatterle

Die Leerstellen im großgeschriebenen Namen auf dem Etikett sind kein Spaß für vinophile Rätselfreunde, sie dokumentieren augenzwinkernd den Deklarationswahn, den es auch in Italien gibt. Die Rebsorte durfte lange nicht genannt werden, so wie der Name Lord Voldemorts bei Harry Potter nicht ausgesprochen werden darf. Dabei ist Blatterle (manchmal auch Blaterle) doch so ein schöner, klangmalerischer Name für eine alte, autochthone Rebsorte mit kleinen Blättern. Er könnte allerdings auch von den leicht abgeplatteten Beeren stammen, also Platterle – auch das eine hübsche Erklärung.

Es gibt sie nur in Südtirol (fast ausschließlich im Bozner Stadtteil »Bozner Boden« und im Eisacktal war sie verbreitet), und so wenig davon, dass sie in offiziellen Statistiken manchmal gar nicht erwähnt wird. Der Nusserhof, ein Vier-Hektar-Familienbetrieb mitten in Bozen nimmt sich der Rebsorte an, ja, er arbeitet ausschließlich mit autochthonen Rebsorten wie Lagrein, Vernatsch und Teroldego. Schon seit 1994, lange bevor es Trend wurde, arbeitet man hier biologisch. Aber auch wegen seiner politischen Geschichte ist dieses Weingut ein ganz besonderes: Josef Mayr-Nusser verweigerte einst den Eid auf Adolf Hitler und wurde zum Tode verurteilt. Er starb in einem Viehwaggon auf dem Weg ins Konzentrationslager Dachau – keine drei Monate vor Ende des Krieges. Nach dem Krieg musste die Familie jahrelang um den Erhalt ihres Hofes kämpfen, der im Rahmen der Stadterweiterung enteignet und abgerissen werden sollte. Mitte der 1980er Jahre wurde er im Andenken an Josef Mayr-Nusser unter Schutz gestellt. 2017 wurde er als Märtyrer selig gesprochen.

Auf dem Rücketikett des Blatterle steht: »Wir empfehlen, diesen Weißwein im großen Rotweinglas bei 16 °C zu servieren«. Gleichermaßen fruchtig-exotisch wie kräuterig, mit knackiger Säure und zupackender Struktur. Ganz eigen und faszinierend!

Mayr-Nusser-Weg 72, 39100 Bozen, Tel. +39/0471978388,
mayr-nusser@rolmail.net | Shop www.gute-weine.de | €€

Nusserhof
B..te..e
Vino Bianco
Imbottigliato da
Heinrich Mayr
Bozen - Italia
Product of Italy
12% vol
Alc. 12% by vol
750 mle
White T. Wine

58__Trübe Tasse

Lambrusco »Radice«

Denkt man an Lambrusco, denkt man an Kopfschmerzen. Vielleicht denkt man auch an Knutschen am Baggersee, aber definitiv an Kopfschmerzen. Der Lambrusco ist einer jener faszinierenden Weine, die durch miese Qualitäten in Verruf geraten sind. Und so ein schlechter Ruf bleibt Ewigkeiten hängen. Dabei gibt es sehr gute Qualitäten bei Lambrusco, in den letzten Jahren mehr denn je zuvor.

Klassischerweise ist Lambrusco ein perlender roter Wein aus der Emilia-Romagna – und wird aus einer Rebe der Lambrusco-Familie hergestellt. Es gibt auch Lambruscos aus anderen Gegenden, aber in dieser Region schlägt das Herz der Sorte. Billiger Lambrusco wird so hergestellt: Aus den Trauben wird ein normaler, »stiller« Wein hergestellt und gelagert. Braucht man neuen mit Zisch, wird der Wein mit Mostkonzentrat und Reinzuchthefe in einen Druckbehälter gesteckt und vergoren. Problem: Die Frische und das Aroma gehen flöten.

Paltrinieris Lambrusco di Sorbara (Name der hellfarbigen, anspruchsvollen Rebsorte und der Sub-Region) ist rosé, die Trauben werden naturnah angebaut, der Most wird spontan vergoren und der Wein ist naturtrüb – er durchläuft seine zweite Gärung auf der Flasche mit eigener Hefe (also ein Pét Nat). Der »Radice« duftet so sehr nach Rhabarber, dass man denkt, man hätte eine Schorle im Glas. Daneben finden sich ein paar Zitrusfrüchte und hefige Aromen. Am besten gut gekühlt trinken!

Die Trauben für den Wein wachsen auf den 15 Hektar Rebflächen der Familie Paltrinieri, die sich in der historischen Zone von Cristo di Sorbara in der Provinz Modena befinden, eingebettet im Flachland zwischen den beiden Po-Nebenflüssen Secchia und Panaro. Falls Sie auf den Lambrusco-Geschmack kommen: Noch einen Hauch besser und spannungsvoller (aber auch ein paar Euro teurer) ist der »Leclisse« von alten Reben aus dem Cristo-Weinberg, wo sie auf kargen Kalksteinen wachsen.

---

www.cantinapaltrinieri.it | Shop www.viniculture.de | €

RADICE
PALTRINIERI

59 Kein Käse!

Pecorino

Pecorino war eigentlich ausgestorben. Die übersetzt »Schaf« heißende Rebsorte existierte nur noch in Fachbüchern – bis Guido Cocci Grifoni sie 1982 in einem alten, verwilderten Weinberg wiederfand. Mein Lieblings-Pecorino stammt von einem der faszinierendsten Weingüter der Abruzzen: Emidio Pepe, im nördlichsten Teil der Region gelegen, zwischen der Adria und dem Gran-Sasso-Gebirgsmassiv, wo die Tag-Nacht-Temperaturunterschiede groß sind und für komplexe Aromen sorgen. Emidio Pepes Weine sind grandios – und ihre Herstellungsmethode ist extrem ungewöhnlich. Nach der Handlese werden die weißen Trauben in 350 Kilo fassenden Holztrögen mit den Füßen gequetscht – für eine Dreiviertelstunde. Dann folgt die Fermentation in kleinen Betonbecken für 30 bis 35 Tage. Danach geht es direkt (!) und unfiltriert ab in Flaschen – für eine lange Reife. Nicht in Edelstahlgebinde, nicht in Holzfässer, nicht in Amphoren, nein, in Flaschen. Also, nicht über Sediment am Flaschenboden wundern! Nur wenn die Flaschen länger als zehn Jahre lagern, werden sie von diesem Depot befreit.

Seit das Weingut 1964 von Emidio Pepe gegründet wurde, hat sich die Weinherstellung nicht geändert. Dazu gehört auch: keine zugesetzten Hefen, keine Enzyme. Naturweine. Nur die Biodynamie hielt Einzug, wobei viele der Methoden ohnehin schon angewandt wurden.

Berühmt ist das Weingut für Trebbiano d'Abruzzo und Montepulciano d'Abruzzo. Pecorino (komplett wurzelecht) kam als letzte Rebsorte dazu – und von ihr gibt es am wenigsten. Als »Der in Weiß gekleidete Rote« wird sie bezeichnet, weil sie solch eine irre Struktur hat. Aromatisch gibt es Nüsse und Gewürze, oxidative Noten und am Gaumen kitzelnd-mineralische Säure.

Die Trauben wachsen in Pergola-Erziehung, die Beschattung ist wichtig, weil Pecorino gern Sonnenbrand bekommt. Und weil er wenig Ertrag bringt, rissen die Weingüter ihn aus. Was für eine Schande!

www.emidiopepe.com | €€€€

EP
PRODUZIONE
2018
n° 0618
EP
PECORINO
COLLI APRUTINI IGT
IMBOTTIGLIATO ALL'ORIGINE ED INTEGRALMENTE PRODOTTO
DALL'AZIENDA AGRICOLA
"EMIDIO PEPE"
di PEPE SOFIA e DANIELA Societá Agricola
VIA CHIESI, 10 - 64010 TORANO NUOVO - TE - ITALIA
ALCOOL 13,5% - VOL
0,75 L e
PRODOTTO IN ITALIA

60_Bedachter Wein

Vino Rosso »Leggero«

Südtiroler Pergl, auch als Dachlaubenerziehung bekannt, ist ein System, bei dem die Reben ein geschlossenes Laubdach bilden und alle Arbeiten von unten, also anstrengend über Kopf erfolgen müssen. Eine ganz alte Technik, die immer seltener zu finden ist, da sie viel Arbeit macht und sich kaum mechanisieren lässt. In den Steillagen Tirols wird sie aber mitunter noch angewendet und prägt den Geschmack der auf diese Art erzeugten Beeren, die viel beschatteter heranreifen als solche in heute üblichen Drahtrahmenerziehungen.

Pranzeggs Vino Rosso »Leggero« (»Leicht«) ist eines der seltenen Exemplare, die auf die althergebrachte Weise erzeugt werden. Eine Cuvée aus Merlot (zehn Prozent), Lagrein (20 Prozent) und Vernatsch (60 Prozent), wobei die beiden Letzteren in Pergolen wachsen. Bei der Vergärung dieses unglaublich süffigen Sommerweins greift das Weingut zu einem Trick, der für grandiose Frische sorgt. Nach zwölfstündiger Mazeration werden die Trauben sanft abgepresst und spontan auf den Schalen von »Caroline« vergoren – einer Cuvée aus Sauvignon Blanc, Chardonnay, Viognier und Manzoni Bianco. Streng genommen finden sich also sieben Rebsorten im Wein! Der Ausbau erfolgt in gebrauchten Tonneau-Fässern und Fiberglastanks. Weil der unfiltrierte und ungeschönte, darum naturtrübe Wein immer ein ganz klein bisschen Druck hat, was für ein feines Bitzeln auf der Zunge sorgt, wird er mit Kronkorken verschlossen. Er duftet und schmeckt wie der Fruchtkorb eines wilden Sammlers: Himbeere, Kirsche, Quitte, Limette, Erdbeere, Melisse, Stachelbeere, Minze, Johannisbeere – alles drin, dazu Hefe. Knackigsaftig am Gaumen, mit enormer Trinkfreude!

Falls ich Ihnen den Mund wässrig (oder weinig) gemacht haben sollte: Es gibt leider nicht viel von dem Tropfen. Pranzegg ist ein kleiner Weinhof, und die Rebfläche umfasst nur knapp vier Hektar an den steilen Hängen oberhalb von Bozen.

www.pranzegg.com | €

PRANZEGG.COM
PRANZEGG
VINO ROSSO LEGGERO
750ml ℮
11% vol
Bozen · Italien | Bolzano · Italia | nicht filtriert | non filtrato
product of Italy | contiene solfiti | enthält sulfite | contains sulphites

61 Warum liegt hier Stroh?

Capitel Monte Olmi Amarone

Nicht trinken! Egal wie gut der Wein jung auch schmecken mag. Warten Sie zehn Jahre, es ist in ihrem eigenen Interesse!

Der Amarone ist einer der verrücktesten Rotweine der Welt: ein trockener Wein, der wie ein süßer hergestellt wird. Die Trauben werden vor dem Keltern nämlich getrocknet, ein Vorgang, den man Appassimento nennt und durch den der Zucker konzentriert wird und der Wein nach der Gärung einen hohen Alkoholgehalt aufweist. 17 Umdrehungen sind keine Seltenheit. Aber natürlich wird nicht nur der Zucker durch die Trocknung konzentriert, sondern auch Aromen und Tannine. Das Ergebnis ist ein Wein, den man weniger trinkt als kaut.

Das ist auch genau der Grund, warum Amarone nie so richtig meins war, da ich Wein gern trinke und nicht nur nippe. Bis ich auf ein Weingut traf, das mich mit diesem Muskelprotz versöhnt hat. Denn bei diesem sind Frische und eine präzise, pure Frucht oberstes Ziel. Der Name des Weingutes: Tedeschi. Der »Marne 180« ist ihr günstigster Amarone – was aber immer noch bedeutet, dass Sie einiges auf den Tisch legen müssen. Aber das Geld ist gut angelegt.

»Marne« bedeutet Mergel und bezeichnet den Boden. »180« steht für die Ausrichtung der Weinberge, die von Südost bis Südwest zur Sohne ausgerichtet sind, also 180 Grad. Die Trauben werden in der Regel drei Monate auf Strohmatten getrocknet, bevor sie vergoren werden. Dann geschieht das »Miracolo dell'Amarone«. Bei 15 Prozent sterben die Hefen ab – aber plötzlich gärt der Wein weiter! Das muss ein Wunder sein. Oder aber andere Hefestämme, die hohen Alkohol und höhere Temperaturen vertragen. Danach reift der Wein für drei Jahre in slawonischer Eiche – und dann nochmals ein halbes Jahr auf der Flasche, bevor er verkauft wird. Das Ergebnis ist ein Wein, der mit Aromen nur so um sich schmeißt: Kaffee, Tabak, Pflaume, Schwarzkirsche, Süßkirsche, Feige, Cassis, Minze – alles ist drin.

www.tedeschiwines.com | €€€

AMARONE DELLA
VALPOLICELLA
MARNE 180
AMARONE
della Valpolicella
E GARANTITA
TEDESCHI

62 Eine Ewigkeit im Stahl

Terlan Pinot Bianco Rarity

Die 1893 gegründete Kellerei Terlan ist nicht nur eine der besten Winzergenossenschaften Tirols, sondern der ganzen Welt. Und mit ihrer Rarity-Edition setzt sie die Zeit außer Kraft. Die seltenen Weißweine sind gleichzeitig jugendlich frisch und jahrelang gereift. Man traut seinem Gaumen nicht. Verantwortlich dafür ist die Stocker-Methode, benannt nach Altkellermeister Sebastian Stocker (1929–2017, Träger der »Verdienstmedaille des Landes Tirol« und der »Ehrennadel in Gold der Gemeinde Terlan«), der sie erfunden hat. Nur herausragende Jahrgänge werden dafür verwendet, und zwar ausschließlich Weißburgunder.

Die traditionellen Weißweinreben Terlans: Chardonnay, Sauvignon Blanc. Meist nur ein einziger Wein pro Jahr. Und es gibt stets höchstens 3.330 Flaschen. Zuerst wird der Wein ein Jahr lang im Holzfass ausgebaut, danach reift er unglaubliche zehn bis 30 Jahre in einem kleinen Stahldrucktank mit einem Fassungsvermögen von 2.500 Litern. Dabei entwickelt der Wein auf der Feinhefe komplexe Strukturen und reife Aromen, bleibt gleichzeitig aber wegen des komplett fehlenden Luftkontakts jugendlich. Die Kellerei rät, nach der Füllung weitere vier bis fünf Jahre zu warten, bis man eine Flasche des seltenen Weins öffnet. Es ist kein billiges Vergnügen, aber ein ganz besonderes. Auch weil das Terlaner Terroir, bei dem die Böden einen hohen Quarzanteil aufweisen, besonders »salzige« Weine hervorbringt. Bei den Aromen darf man sich auf edle Hefenoten freuen, aber auch auf reife Aprikosen und Kamille. Am Gaumen mit knackiger Säure, komplex, tief und mit enormer Spannung – aber zugleich auf ganz spezielle Art in sich ruhend.

Eine andere Besonderheit der Kellerei ist das Weinarchiv. Rund 100.000 Flaschen lagern in 13 Meter Tiefe, weil Stocker ab 1955 heimlich von jedem Jahrgang 500 Flaschen versteckte, um die Langlebigkeit der Terlaner Weine zu beweisen – was beeindruckend gelang. Die älteste Flasche stammt sogar aus dem Gründungsjahr: 1893.

www.cantina-terlano.com | €€€€€

Kellerei Cantina Terlan
2007
Kellerei Cantina Terla

63__120 Stundenkilometer

Vitovska

Wenn sich im Gestein einer Region mit der Grotta Gigante die größte Schauhöhle der Welt bilden kann, dann weiß man, dass es sich bei dem kargen, wasserdurchlässigen Kalkstein, auf dem sich eine dünne Schicht eisenoxidhaltige Erde befindet, um einen ganz besonderen Boden handeln muss, auf dem ganz besondere Weintrauben heranwachsen können.

Dazu kommt die Bora, wie der kalte Wind aus dem Osten heißt, der mit bis zu 120 Stundenkilometern über die Landschaft rast. Die Reben wachsen auf einem schmalen Streifen zwischen dem Golf von Triest und dem Gebirge auf einzigartige Weise. Die autochthone Vitovska gilt als Königin des Karstes. Weil die Rebsorte ideal adaptiert ist, hat sie sehr kompakte Trauben und trotzt dem Wind – in einer windstillen, feuchten Region wäre sie dagegen äußerst anfällig für Pilzinfektionen. Die natürliche Kreuzung aus Glera (früher als Prosecco bekannt) und Malvasia Bianca Lunga ist aromatisch eher neutral, hat aber eine spritzige Säure. Erst durch den Schalenkontakt bei der Maischegärung spielt sie ihre aromatischen Trümpfe aus. Das wird ihr deklarationstechnisch aber zum Verhängnis. Solchen Weinen wird nämlich das DOC-Siegel verwehrt. Ohnehin wurde sie erst 1996 als DOC-Rebsorte anerkannt, vielleicht stießen sich die italienischen Behörden am slowenischen Namen.

Auch Zidarichs Vitovskas werden so erzeugt, sind also orange Weine, schmecken aber keineswegs oxidiert, sondern nach Hefe, Zitrus und Salz. Faszinierend bei diesem herrlich trockenen Wein, der sich fast so karg wie die Landschaft gibt, ist seine zupackende und speicheltreibende Gerbstoffstruktur. Ausgebaut wird der Wein in einem 20 Meter beziehungsweise fünf Stockwerke tiefen Natursteinkeller, der acht Jahre bis zur Fertigstellung benötigte.

Karst bedeutet »steiniger und unfruchtbarer Boden«. Großartig, was für ein urwüchsiger Wein in einer solchen Landschaft wachsen kann!

www.zidarich.it | €€€

ZIDARICH
VITOVSKA

64 Niagara-Weinfälle

Cuvée Madeline

Bei Kanada denkt man an Holzfäller, Ahornsirup und Bären in den Rocky Mountains, und nur den wenigsten wird Wein in den Sinn kommen. Und wenn, dann an »Icewine«, der mittels künstlich gefrorener Trauben erzeugt wird. Aus Sicht deutscher Eiswein-Experten, denen die Klimaerwärmung die Erzeugung ihrer Spezialität nahezu unmöglich macht: nichts als Schummelei!

In der Region Niagara Peninsula gibt es vor allem Touri-Plörre – aber eben auch eine Handvoll engagierter Winzer. Einer davon findet sich in der Subregion Twenty Mile Bench, wo der Boden sehr kalkhaltig und das Klima kühl ist – ideal für Cabernet Franc. Ein Winzer erzeugt hier einige der eigenständigsten und besten Weine aus dieser Rebsorte weltweit: François Morissette, gebürtig aus Quebec, ein ehemaliger Sommelier, der sich über ein Jahrzehnt lang im Burgund seine Sporen verdient hat – bei so berühmten Gütern wie Château de Chambolle-Musigny und den Domaines Henri Gouges und Roulot.

Mit seinem Geschäftspartner Mel Pearl gründete er 2007 das auf ihre Nachnamen getaufte Weingut, das nach der »Low Intervention«-Methode arbeitet – eine möglichst schonende Verarbeitung mit wenigen Eingriffen. Im Detail bedeutet dies: Spontangärung bei den Rotweinen mit Stielen und Stängeln, Ganztraubenpressung bei den Weißweinen. Die Weine werden in gebrauchten Barriques (nie neue!), Fudern oder Betongebinden ausgebaut und weder filtriert noch geschönt. Im Zentrum steht die pure, frische Frucht. Ungekünstelt, ganz authentisch und natürlich.

Die Cuvée Madeline lag stolze 24 Monate auf der Hefe, ist wildwürzig mit Aromen von Kirsche, Pflaume, Paprika, Veilchen sowie Pfeffer und besitzt einen geradezu irren Trinkfluss. »Loire mit ein wenig mehr Wumms«, beschreibt ihn ein Weinhändler, wobei der Alkohol immer im niedrigen Bereich liegt, der Wein klar und frisch wirkt und nahezu ohne Widerstand über den Gaumen fließt.

www.pearlmorissette.com | Shop www.weinamlimit.de | €€€

700 CAISSES
Pearl Morissette
NIAGARA VINEYARDS
Cuvée Madeline
Cabernet Franc
VQA TWENTY MILE BENCH VQA
VIGNERON

65 Orange kann schäumen!

Pjenušac Brut Nature

Falls Sie schon mal in einem einfachen Restaurant in Kroatien Wein zum Essen getrunken haben: Machen Sie mit diesem Tropfen bitte nicht dasselbe! Also: keine Schorle! Im Süden trinkt man Bevanda (Rotwein mit Leitungswasser), im Norden dagegen Gemišt oder Špricer (Weißwein mit Mineralwasser). Es wäre ein Verbrechen, diesen außergewöhnlichen Schäumer in eine Schorle zu verwandeln.

Malvasia Istriana, eine alte, vermutlich griechische Rebsorte – und Chardonnay werden nach der Handlese direkt abgepresst, kommen dann aber zu Plavina, einer alten istrischen Sorte, die mit wenig Zucker und viel Säure ideal für die Schaumweinproduktion ist. Sie mazerieren und vergären zusammen für ein paar Tage. Also: ein Weißwein, der wie ein Rotwein mittels Maischegärung gewonnen wird. Neudeutsch: Oranger Wein. Die Vergärung beendet der Wein aber im Stahltank. Danach reift er ein Jahr hälftig im Stahltank und in Holzfässern, bevor eine klassische Flaschengärung in Gang gesetzt wird, indem junger Wein hinzugefügt wird. Ganz alte Techniken und modernere gehen also ganz undogmatisch Hand in Hand. Nach zwei Jahren auf der Hefe wird er degorgiert, es kommt aber keine Versanddosage in den Wein. Also ein »Brut nature« – und zwar knochentrocken. Ein Schäumer, wie es ihn so nirgendwo anders gibt. Wenig Duft (ein bisschen Birne), am Gaumen verhaltene Perlage, man spürt die Gerbstoffe, die ihm viel Struktur geben, salzige Anklänge und herben Biss.

Kroatien hat eine uralte Weinkultur mit vielen autochthonen Rebsorten. Giorgio und Vesna Clai gehören zu den besten und avantgardistischsten Winzern des Landes. Istrien, die größte Halbinsel der Adria, ist ihre Heimat, das Zehn-Hektar-Bio-Weingut liegt unweit der slowenischen und italienischen Grenze – und auch nicht weit vom Meer. Salzige Winde wehen durch die Weinberge und ermöglichen solch einen hochindividuellen Wein.

---

www.clai.hr | Shop www.weinhalle.de | €€

claі
Pjenušac
Brut Nature

66 Sieben lange Jahre

Château Musar

Château Musar ist ein Kultweingut und produziert mit seinem roten Top-Wein vermutlich den einzigen Grand Cru des Orients. Es ist wohl der Spitzenwein auf der Welt, der sich von Jahr zu Jahr am meisten unterscheidet. Mal schmeckt er wie ein Burgunder, mal wie ein Bordeaux. Erzeugt wird er aus Cabernet Sauvignon, Cinsaut, Carignan und Syrah.

Seltener und sogar noch spannender ist der weiße Top-Tropfen, der aus den heimischen Reben Merwah und Obaideh cuvéetiert wird. Sie sind die Ursprungsreben von Chardonnay und Sémillon, vor 7.000 Jahren von den Phöniziern gen Westen exportiert. Der spektakuläre Wein wird mit trockenen Sauternes verglichen und reift unfassbar gut. Seine Trauben wachsen, biologisch bewirtschaftet, in der Bekaa-Hochebene auf über 1.000 Metern an wurzelechten »Bush Vines«. Auf den Hektar werden gerade einmal zehn bis 20 Hektoliter geerntet. Schon seit Jahrtausenden wächst hier Wein, in der Stadt Baalbek kündet ein Bacchus-Tempel davon.

Das Weingut liegt allerdings zweieinhalb Autostunden entfernt von seinen 130 Hektar Weinbergen, mit ihren unterschiedlichen Böden, wobei Kalk und Kies fast immer dabei sind. Der Grund für diese Besonderheit: bei Gründung des Châteaus 1930 durch Gaston Hochar (seine Familie kam einst mit den Kreuzrittern aus der Picardie) hatte der Libanon noch keine definitiven Grenzen, und man wollte sichergehen, nicht außerhalb zu liegen.

Falls Sie einen jungen Jahrgang dieses Weins suchen: Sie werden ihn nicht finden. Der Most wird spontan in Barriques aus Nevers-Eichen vergoren. Neun Monate später wird der Wein abgefüllt – und erst sieben lange Jahre nach der Ernte auf den Markt gebracht! Der goldfarbene Wein duftet komplex nach Zitrus, Feigen und Akazienhonig, aber auch nach Baumharz. Er besitzt eine cremige Textur und enormen Druck, ist aber trotzdem schlank. Ein Erlebnis! Unbedingt karaffieren und bei rund 15 Grad genießen.

www.chateaumusar.com | Shop www.weinco.de | €€€

LABOR OMNIA VINCIT
Chateau Musar
GASTON HOCHAR
PROPRIÉTAIRE VITICULTEUR - GHAZIR - LIBAN
MIS EN BOUTEILLES AU CHATEAU

67_Goldgräber-Wein

Bannockburn Pinot Noir

Der größte Goldrausch Neuseelands fand von 1861 bis 1863 in Otago statt. Und noch heute findet sich in der Region die größte Goldgrube Neuseelands, die pro Jahr 170.000 Unzen des Edelmetalls fördert.

Genau hier findet sich eine ganz besondere Weinbauregion: Central Otago – die südlichste Weinregion der Welt. Mit 200 bis 450 Metern Höhe ist sie außerdem die höchstgelegene Neuseelands. Und als würde das noch nicht reichen, ist sie die einzige des Landes, die kein maritimes, sondern semikontinentales Klima besitzt. Das bedeutet zwar Frostgefahr, aber große tägliche Temperaturunterschiede (bis zu 15 Grad Celsius!), die zu komplexen Aromen führen, sowie extreme Schwankungen über das Jahr (von 38,6 bis -21,6 Grad). Die Sommer sind heiß, trocken und kurz, der Herbst kühl und trocken – also kaum Pilzbefall und die Möglichkeit, die Trauben lange reifen zu lassen.

In diesem besonderen Landstrich wachsen einige der besten Pinot Noirs Neuseelands, und ganz besonders großartige finden sich bei Felton Road, dessen Besitzer, Nigel Greening, ein großer Fan von Mosel-Rieslingen ist.

Das zeigt sich an der Filigranität und der feinen Frucht seines Bannockburn Pinot Noir, obwohl der Wein ordentlich Umdrehungen haben kann. Aber wie dieser Alkohol integriert ist, das begeistert. Der Wein wirkt fein und leicht, seine Tannine sind traumhaft seidig. Die Trauben werden biodynamisch angebaut, spontan vergoren, nichts wird gepumpt, das Holz der Fässer ist zurückhaltend, nichts wird geschönt oder filtriert. Dies ist die pure neuseeländische Pinot-Frucht, und sie ist betörend. Felton Road produziert noch teurere Pinots, aber diese Cuvée aus den vier Weinbergen Cornish Point, Calvert, MacMuir und The Elms – alle an nach Norden ausgerichteten Hängen, denn die sind klimatisch gemäßigter – ist so großartig, dass man sich fragt, wie das noch gesteigert werden kann – was aber tatsächlich geht.

www.feltonroad.com | Shop www.gute-weine.de | €€€€

FELTON ROAD
ESTABLISHED 1991
Bannockburn
PINOT NOIR
CENTRAL OTAGO
PRODUCED AND BOTTLED BY
FELTON ROAD WINES LTD
BANNOCKBURN
GRAPES GROWN AT OUR BANNOCKBURN VINEYARDS
Wine of New Zealand

68 Kastanien-Männchen

Chardonnay »Chastanie«

Weltweit sind Winzer in den letzten Jahren mutiger und einfallsreicher geworden: von den Erziehungsmethoden über die Entblätterung im Weinberg, die Hefen, das Toasting und die Fassgrößen bis hin zu biodynamischen Präparaten. Bei einem Punkt allerdings gibt es wenig Innovation: bei der Wahl des Holzes. Immer kommt Eiche zum Einsatz, als gäbe es keine anderen Bäume, aus denen sich Fässer küfern ließen. Aber die gibt es natürlich, zum Beispiel Akazie oder Kastanie.

Im Burgenland gibt es einen wunderbaren und noch dazu äußerst preisgünstigen Wein, der es jedem Genießer ermöglicht zu schmecken, was ihm durch die Beschränkung auf Eiche entgeht. Das Weingut von Helmut und Herbert Bernthaler ist in der berühmten Weinbaugemeinde Gols im österreichischen Burgenland beheimatet. Es liegt ganz im Osten Österreichs, grenzt im Norden an die Slowakei, im Osten an Ungarn und im Süden an Slowenien. Geographisch gehört es zu Pannonien, von 9 bis 433 nach Christus Provinz des Römischen Reiches, von welcher der Historiker Johannes Aventinus sagte: »Extra Pannoniam non es vita; si est vita, non est ita« (»Außerhalb Pannoniens kann man nicht leben; wenn man leben kann, dann nicht so wie hier.«).

Mit dem Jahrgang 2000 brachte der Bio-Pionierbetrieb erstmals einen Chardonnay auf den Markt, der im Kastanien-Barrique ausgebaut worden war. Der goldgelbe Wein weist eine ganz besondere süßlich-würzige Aromatik mit sehr vielen Kräuternoten auf, zu der sich ein paar tropische Früchte gesellen. Am Gaumen ist er kraftvoll, rauchig und hat eine angenehme Säure – eine malolaktische Gärung macht er ganz bewusst nicht durch.

Die Bernhardts lassen den Wein nicht nur im Kastanienholz reifen, sie vergären ihn auch darin. Zwölf bis 18 Monate bleibt er auf der Feinhefe, danach wird er nur einmal filtriert. Nicht zu kalt servieren! Die ideale Temperatur liegt zwischen Rot- und Weißwein.

www.bio-wein-bernthaler.at | Shop www.purer-wein.de | €

BERNTHALER
CHASTANIE
CHARDONNAY
BURGENLAND - ÖSTERREICH

69_Drei für 200

Simply Wow – 200 United

Der Name mag anmaßend klingen, aber dieser Wein ist tatsächlich »Simply Wow!«. Zuerst denkt man, es sei ein Druckfehler, aber nein, dieser Wein ist tatsächlich eine Cuvée aus über 200 verschiedenen Rebsorten – mittlerweile sind es sogar fast 250. In Zusammenarbeit mit der Weinbauschule Klosterneuburg, Forschern und Rebschulen wurden von jeder Sorte 15 Stöcke gepflanzt. Sie stehen in Österreichs größtem Rebsorten-Weingarten, in dem sich Altes, Seltenes und Kurioses findet. Die Südostlage trägt den Namen Floss und bietet Löss mit hohem Kalkgehalt.

Wenn Sie genau auf das Kleingedruckte dieses ungewöhnlichen Etiketts schauen, werden Sie erkennen, dass es sich bei diesem Tropfen nicht um einen Qualitätswein handelt. Der Grund dafür ist, dass Rebsorten verwendet werden, die nicht für Qualitätsweine zugelassen sind. Deshalb ist es »nur« ein »Wein aus Österreich« ohne Prüfnummer oder Jahrgang. Das Weingut Leth aus der Marktgemeinde Fels am Wagram hilft sich einfach mit römischen Ziffern. 2018 zum Beispiel durften sie nicht auf die Flasche schreiben. Also: Edition MMXVIII. So trickst man das starre und starrsinnige Weinrecht elegant aus!

Die Herausforderung bei einem »Gemischten Satz« ist immer, den richtigen Lesezeitpunkt zu finden. Da die Rebsorten zum Teil sehr unterschiedliche Reife-Entwicklungen aufweisen, sind bei einer Lese immer manche reif, andere überreif, wieder andere noch unreif. Das Weingut Leth hat auch diesbezüglich eine ebenso kreative wie sinnvolle Lösung gefunden: Die Trauben werden in drei Etappen gelesen: Mitte September die frühen Sorten, Anfang Oktober die mittelspäten und Ende Oktober die späten. Die einzelnen »gemischten Sätze« werden nach der Gärung zu einem Wein cuvéetiert und dann bis zur Flaschenfüllung im Stahltank gelagert. Das Ganze schmeckt so komplex, wie es klingt, nach Gewürzen, exotischen Früchten, reifen Äpfeln und Rosenholz. Faszinierend!

www.weingut-leth.at | €€

LETH
SIMPLY WOW
200
UNITED

70 Die große Freiheit

Puszta Libre!

Der Begriff »Puszta« leitet sich vom altslawischen Wort »pust« ab, was so viel wie »leer« bedeutet. Das passt zu der baumarmen Steppe, die grenzübergreifend in Ungarn, der Slowakei und Österreich zu finden ist. Gleichzeitig atmet sie aber auch Freiheit, die zum Namen dieses Weines führte. Freier Wein von einer freien, weiten Ebene. Er nimmt sich tatsächlich viele Freiheiten – zu unserem Glück!

»Gekühlt servieren« steht auf dem Etikett – das sieht man selten bei Rotwein. Eigentlich nie. Aber zu diesem passt es. Die Optik der Flasche erinnert an Limo-Pullen vergangener Zeiten. Und die standen für unbeschwerten Genuss. Genau wie dieser extrem süffige Wein für kleines Geld, den Claus Preisinger als seine Hommage an guten Beaujolais bezeichnet. Hergestellt wird er wie jener, also mittels Kohlensäuremaischung (französisch: Macération carbonique). Preisinger wendet zum Teil aber auch eine Macération semi-carbonique an. Und bei einem gewissen Prozentsatz lässt er die Stiele dran, bei einem anderen nicht – aber nicht nach Lust und Laune, sondern nach genauer Überlegung. Ziel ist ein leichter, spritziger Spaßwein mit wenig Gerbstoff. In der Cuvée ist vor allem Zweigelt, aber auch Saint Laurent und Pinot Noir. Die Trauben wachsen auf Kalk, Kiesel und Schwarzerde.

Der 1980 in Eisenstadt (Burgenland), am südlichen Fuße des Leithagebirges geborene Claus Preisinger sagt, es sei ein »Rotwein, der mehr nach Weißwein schmeckt«. Der biodynamisch erzeugte Tropfen ist spontan vergoren, ungefiltert, ungeschwefelt und beweist, dass Naturwein nicht kopflastig daherkommen muss, im Gegenteil. Oftmals betont Preisinger bewusst den Spaß und das Unkomplizierte. Aber »einfach« im Sinne von »unterkomplex« ist der »Puszta Libre!« nicht. Er hat sich sein Ausrufezeichen redlich verdient und duftet nach Sauerkirsche, Brombeere, aber auch floral (Kamille) und kräuterig-würzig. Am Gaumen herrlich saftig, mit kickender Säure und einem Hauch Tannin.

www.clauspreisinger.at | €

71 Köstliche Symbiose

»Trauben, Liebe, Zeit« Karmin

#960018 ist der Web-Farbcode für Karmin. Es ist ein ganz besonderes Rot, das diesem sehr dunklen Rosé seinen Namen gibt. Die Zutaten stehen groß auf der Flasche: Trauben, Liebe und Zeit. Sonst kommt tatsächlich nichts rein. Ganz nach dem Naturwein-Motto »Nichts rein, nichts raus«. Andere Tropfen der Familie Strohmeyer aus Sankt Stefan ob Stainz in der Steiermark heißen zum Beispiel »Wein der Stille«.

Ihre Gewächse sind nicht nur Naturweine, sondern auch biodynamisch erzeugt. Wichtig ist ihnen vor allem eine große Vielfalt im Weinberg. Sie nehmen das mit der Symbiose (griechisch: sym = zusammen, bios = Leben) ernst und geben jedem Organismus seine Lebensberechtigung, Schädlinge existieren für sie nicht. So extrem lebendig und vital wie ihre Weingärten sind auch ihre Weine. Und damit kommen wir wieder zum »Karmin«, einem rebsortenreinen Blauen Wildbacher, eine Rebsorte, die eng mit Blaufränkisch verwandt ist. Zudem auch eine sehr alte Sorte, die schon im 16. Jahrhundert belegt ist. Vor allem in Österreich wird sie angebaut, besonders in der Weststeiermark. Aus ihr wird der berühmte Schilcher vinifiziert, bis Ende des 20. Jahrhunderts immer ein Rosé – und zwar gezwungenermaßen, weil die Rebsorte so spät ausreifte.

Strohmeiers bemerkenswerter Rosé könnte auch als heller Roter durchgehen. Auch geschmacklich ist er bei Weitem kein durchschnittlicher Rosé. Die Trauben wachsen im Weingarten Bad Gams auf Gneis. Die Säure des Weins ist rasant, trotz langer Reife in 500-Liter-Holzfässern (vor allem Eiche, aber auch Akazie), nach der er unfiltriert und ungeschwefelt abgefüllt wird. Trinken Sie ihn bloß nicht zu kalt! 15 Grad sind ideal. Und trinken Sie ihn auch nicht, wie andere Rosés, aus Weißweingläsern. Ein großvolumiges für Burgunder ist passend. Wenn es geht: vorher karaffieren (auch das völlig untypisch für Rosé). Der wunderbare Wein dankt die Mühe!

www.strohmeier.at | Shop www.biowein-erlesen.de | €€€

Karmin
N°8
Trauben, Liebe und Zeit
all the liveliness of our symbiotic vineyards with solicitous working pleasure is in this bottle
STROHMEIER
Austria
Karmin
N°8
Trauben, Liebe und Zeit
all the liveliness of our symbiotic vineyards with solicitous working pleasure is in this bottle
STROHMEIER
Austria

72 Alle Neune

Wiener Gemischter Satz Nussberg

Wien ist die einzige Millionenstadt der Welt mit einem eigenen Weinbaugebiet innerhalb der Stadtgrenzen. Das passt zu Wien, in vielerlei Hinsicht eine Großstadt wie keine andere. Das gilt auch für einen besonderen Wein. Er ist nicht bloß irgendein »gemischter Satz«, er ist *der* »Gemischte Satz«, denn im Zuge einer EU-Verordnung konnte sich Österreich 2009 die Bezeichnung sichern. Seit 2011 gibt es eigene Regularien für den »Wiener Gemischten Satz«. So müssen zum Beispiel mindestens drei verschiedene Rebsorten angebaut werden, die Hauptrebsorte darf nicht mehr als 50 Prozent stellen, die dritte muss mindestens 10 Prozent stellen, und der Wein muss ein Weißwein sein. Seit 2013 ist der Gemischte Satz ein DAC (Districtus Austriae Controllatus).

Einer der Motoren dieser Entwicklung ist Winzer Fritz Wieninger, der gleichzeitig auch die besten »Gemischten Sätze« auf die Flasche bringt. Allein drei gibt es auf absolutem Top-Level, wobei ich den aus der »Ulm« ganz besonders schätze. Sie ist eine Monopollage, also im Alleinbesitz der Wieningers, extrem steil und südlich ausgerichtet am Nussberg. Sie liegt direkt neben der Donau, und der Boden ist sehr kalkreich. Der Überrest eines Korallenriffs aus dem Tertiär, weswegen man immer noch viele versteinerte Schnecken und Muscheln findet. Der Kalk führt dazu, dass der oftmals mit viel Alkohol ausgestattete Wein trotzdem Frische und Geradlinigkeit aufweist. Um sie zu erhalten, wird der Wein im Stahltank ausgebaut.

Im biodynamisch bewirtschafteten Weinberg stehen neun Traubensorten (Weißburgunder, Neuburger, Welschriesling, Grüner Veltliner, Silvaner, Zierfandler, Rotgipfler, Traminer und Riesling), die zusammen per Hand gelesen werden. Der lange auf der Feinhefe gereifte Wein duftet nach Blumen, Wiesenkräutern, Birne, aber auch nach Ananas, Nüssen und Orangenzesten. Am Gaumen kraftvoll mit reifen Fruchtaromen und zitronig im langen Finale.

www.wieninger.at | Shop www.bremer-weinkolleg.de | €€

WIENINGER
Wiener Gemischter Satz DAC Ried Ulm 1ÖW Nussberg

73_Nur für Hotelgäste

Buçaco Tinto Reservado

Dieser Wein wurde auch deshalb zur Legende, weil er über viele Jahre nur einem ausgewählten Kreis vorbehalten war: den Gästen des Palácio Hotel do Buçaco, oberhalb des Kurortes Lusao, einige Kilometer nördlich von Coimbra. Es ist ein echter königlicher Palast, im neomanuelinischen Stil errichtet, prächtig eingerichtet, mit zahlreichen Kunstwerken ausgestattet, mit wunderschönen Fresken und Fliesentafeln dekoriert.

Der majestätische Speisesaal des Palastes, einst Schauplatz königlicher Bankette, ist heute eines der besten Restaurants Portugals und berühmt für seinen Weinkeller – mit vielen edlen Tropfen. Kreiert hat ihn Alexandre de Almeida, Gründer der gleichnamigen Hotelkette, im Jahr 1917. Er bereiste Europa, vor allem die französische Côte d'Azur, und nahm das Konzept der Hotelkellereien wahr. Wenig später setzte er es in Portugal um und schuf mit dem Wein seines Hotels ein ganz besonderes Objekt der Begierde. Königinnen und Kaisern, Staatspräsidentinnen und Ministern wurde er serviert, wie die Speisekarten belegen, die voller Stolz im Palácio Hotel do Buçaco aufbewahrt werden.

Ich würde nicht über diesen Wein schreiben, wenn er mittlerweile nicht für jeden Weinfreund zu kaufen wäre. Man erhält eine Regionen-Cuvée, denn die Trauben stammen aus den Gebieten Dão (in der gebirgigen Beira-Region) und Bairrada (rund um die Stadt Águeda). Der Wein reift ein Jahr in Barriques aus französischer Eiche und macht in ihnen auch den biologischen Säureabbau durch.

Wenn Sie bei portugiesischen Rotweinen vor allem an viel Würzigkeit und Opulenz denken, wird der Buçaco Sie überraschen, denn bei ihm geht es vor allem um Eleganz, aber auch um ein festes Rückgrat. Der Wein gewinnt enorm durch Karaffierung. Oder Sie lassen den Wein noch ein paar Jahre reifen. Oder ein paar Jahrzehnte. Seine Langlebigkeit ist nämlich genauso legendär wie seine Geschichte.

www.almeidahotels.pt/pt/hotel-coimbra-portugal |
Shop www.weinamlimit.de | €€€€

PARA A ADEGA DO
PALACE HOTEL-BUSSACO
Buçaco Tinto
Reservado

74 Weltkulturerbe

White Port Extra Dry

Das Douro-Tal ist nicht nur Weltkulturerbe der UNESCO, sondern auch eine der schönsten und spektakulärsten Weinregionen der Welt. Unzählige kleine Weinparzellen finden sich an den steilen Hängen, auf denen sich die Rebstöcke im Schiefer- und Granitböden festkrallen. Genauso imposant ist der Portwein von hier, benannt nach der Stadt Porto, die an der Mündung des Douro liegt, wohin die Weinfässer früher verschifft wurden. Besonders in Großbritannien ist Portwein beliebt, was historisch dadurch begründet ist, dass William III. im Jahr 1693 Zölle auf französische Weine erhob und englische Händler Portugal als Alternative entdeckten. 1765 erließ Portugal dann das weltweit erste Gesetz zur Begrenzung eines Anbaugebiets, und zwar für die Portwein-Region Alto Douro.

Obwohl die Region weltberühmt ist, hat sie einige Überraschungen parat. Zum einen großartige trockene Weine, zum anderen Ports in den Farben Weiß und – seit 2008 – sogar Rosé.

Das 55-Hektar-Gut Quinta de la Rosa findet sich, anders als die großen Portweinhäuser, direkt am Douro, mit Hotel und Restaurants. Ihr White Port ist ein ganz wunderbarer Sommer-Drink, der nach tropischen Früchten und Pfirsich duftet. Man sollte ihn nicht lagern, sondern direkt trinken, und zwar kühl bei zehn Grad. Ohne schlechtes Gewissen kann man ihn auch mit Zitrone, Limette oder Minze aufpeppen. Falls Sie sich als Portwein-Fan über den Zusatz »Extra Dry« wundern sollten: nur weiße Ports haben Süßegrade, wobei »Extra Dry« die trockenste Variante und »Very Sweet« die süßeste ist.

Als Rebsorten werden Viosinho, Gouveia und Rabigato verwendet. Beim Most handelt es sich um die letzten zehn Prozent der Pressung – die ersten 90 Prozent finden bei »normalen« Weißweinen Verwendung. Nachdem die Gärung mit Brandy gestoppt wurde, reifen sie in kleinen Pipa-Fässern mit einem Fassungsvermögen von 550 Litern für zwei bis drei Jahre.

www.quintadelarosa.com | Shop www.weinhalle.de | €

VINHO DO PORTO
AW
269717
06
GARANTIA
QUINTA
DE LA ROSA
WHITE
EXTRA DRY
PORT

75_Grün ist der Wein

Alvarinho »Classic«

Um zunächst ein sprachliches Missverständnis aufzuklären: »Vinho Verde«, der grüne Wein, ist meistens gelb, es gibt ihn aber auch roséfarben und selten sogar rot. Das Attribut »grün« im Namen bezieht sich auf die Jugend des Weins, den man jung trinken sollte. »Vinho Verde« ist kein Weintyp, keine Rebsorte, sondern der Name von Portugals größter Region für Qualitätsweinbau. Wobei man das Wort »Qualität« bei vielen Vinho Verdes nicht in den Mund nehmen sollte. Erstaunlich, dass die Winzer nicht von Sprite oder 7up verklagt werden, so sehr erinnert mancher Wein an eine Zitronenlimonade – inklusive leichtem Prickeln.

Hergestellt werden die Weine vor allem aus den Rebsorten Alvarinho, Avesso, Azal Branco, Batoca, Loureiro, Pedernã und Trajadura. Die besten sind aber zumeist rebsortenreine Tropfen, vor allem aus der Alvarinho-Traube, der »kleinen Weißen vom Rhein«, wie ihr Name übersetzt heißt. Als Albariño werden daraus auch in der spanischen Region Rías Baixas einige hervorragende Weißweine erzeugt.

Soalheiro bedeutet sonniges Plätzchen und ist der Name eines der absoluten Spitzenerzeuger der Region Vinho Verde, der in Melgaço beheimatet ist, im Norden Portugals. In dem Gebiet, das den Namen Monção e Melgaço trägt, müssen Vinho Verdes zu hundert Prozent aus Alvarinho gekeltert werden. Klimatisch ist es bekannt für den Wechsel zwischen heißen Tagen und kühlen Nächten, was gut für die Aromenbildung ist. In diesem Fall: eine herrliche Limonen- und Zitrusfrucht, dazu ein paar Kräuter und tropische Anklänge. Am Gaumen merkt man den mineralischen Einfluss der kargen Granitböden (nasse Steine und Meersalz), dazu kommt eine kecke Säure sowie – traditionell bei Vinho Verde – ein Hauch Kohlensäure. Der Wein hat kein Holz gesehen, Frische ist das oberste Gebot. Ein Wein mit extrem gutem Preis-Genuss-Verhältnis! Toller Trinkfluss, superseriöser Spaß im Glas!

www.soalheiro.com | Shop www.silkes-weinkeller.de | €

Soalheiro
ALVARINHO
MONÇÃO E MELGAÇO
THE PUR TERROIR®
12.5% vol.
PRODUCT OF PORTUGAL
750ml

76_Unersetzlich

Abandonado

Es gibt Weinberge, bei deren Anblick man fast Mitleid mit den Rebstöcken hat, so hart müssen sie darben. In einem davon wächst einer der größten Rotweine Portugals, der »Abandonado«. Den Namen trägt er, weil die Arbeiter des Gutes den Tropfen »Vinha do Abandonado« tauften, also: Wein aus dem verlassenen Weinberg – was er einige Jahre tatsächlich war. Kein Gras wächst auf diesem kargen Grund, unter einer dünnen Schicht Mutterboden kommt direkt purer Schiefer. Neue Rebstöcke anzupflanzen, ist eine Sisyphosarbeit und oftmals ein Misserfolg, weil im Douro nicht bewässert werden darf. Deshalb finden sich auch immer wieder unbestockte Lücken im Weinberg. Über 80 Jahre alt sind die Rebstöcke, schmächtige Gesellen, die sich tief ducken. Der atemberaubende Blick, den man von hier oben über das Douro-Tal hat, ist ihnen herzlich egal.

Überhaupt nicht egal sein sollte einem der einzigartige Wein, der aus einem gemischten Satz mit über 30 Rebsorten stammt – darunter unter anderem Tinta Amarela, Touriga Franca, Touriga Nacional und Sousão. Geschaffen hat ihn einst Domingos Alves de Sousa, ein Pionier der trockenen Rotweine aus dem Douro-Tal. Heute kaum mehr vorstellbar: »Normale« Rotweine wurden früher – im Vergleich mit den Portweinen – geringeschätzt und als Abfallprodukt gesehen!

Der »Abandonado« ist Alves de Sousas größter, spektakulärster Wein und wird nur in den besten Jahrgängen produziert. Über 19 Monate reift der tiefdunkle, alkoholsatte Tropfen in neuen und gebrauchten Fässern aus portugiesischer Eiche. In der begeisternden Nase finden sich dunkle Früchte, ein bisschen Bleistiftspitze, aber auch florale Noten und – typisch – etwas Minze und Eukalyptus. Am Gaumen dann dunkle Schokolade und Schattenmorellen, enorm komplex und tief mit langem Finale. Kann locker 30 Jahre reifen. Ein Riesendank an die schwer schuftenden Rebstöcke!

---

www.alvesdesousa.com | Shop www.wein-kreis.de | €€€€

Alves de Sousa
Abandonado
Douro

77 Graf Draculas erste Wahl

Königliche Mädchentraube

Gäbe es eine Wahl des poetischsten, bildhaftesten Rebsortennamens, hätte die Königliche Mädchentraube aus Rumänien gute Chancen auf einen vorderen Platz. Auch bekannt ist die Weißweinsorte als Königsast und Feteascǎ Regalǎ. Wer alle Geschwister probieren will: eine Weiße und eine Schwarze Mädchentraube gibt es ebenfalls, und Rumänien kennt sogar eine Sorte namens »Schwarze Großmutter«. Bleibt alles in der Familie …

Rumänien ist ein sehr altes Weinland, rund 6.000 Jahre, und damit sogar eines der ältesten Europas. Andererseits ist es auch eines der jüngsten – oder, besser gesagt, ein erst vor Kurzem wiedererwachtes. Ab 1948 wurde ein Großteil der Weingüter verstaatlicht, und erst nach dem politischen Umbruch Jahrzehnte später entstanden wieder viele kleinere Güter. Eines davon ist das 2018 gegründete namens Edgar Brutler in Siebenbürgen, eine Region westlich der Karpaten, die noch vom maritimen Klima geprägt und auch als Transsilvanien bekannt ist. Wie in Rumänien üblich, herrschen weiße Rebsorten vor.

Edgar Brutlers Gut ist klein, gerade einmal vier Hektar, alles alte Anlagen, die Weine vergären mit wilden Hefen, werden nicht geschönt, nicht filtriert und erhalten nur wenig Schwefel. Naturweine also, zusätzlich wird ökologisch gearbeitet, nichts bewässert und in Handlese geerntet. Die Weine reifen in einem 250 Jahre alten Gewölbekeller. Edgar Brutler nennt seinen Stil Oldschool-Avantgarde. Anders ausgedrückt: zurück in die Zukunft. Das Modernste sind allerdings die pfiffigen Etiketten und Namen seiner Weine.

Seine »Königliche Mädchentraube« ist ein wirklich trockener Wein, wirklich säurebetont, regelrecht straff, dazu kommen einige Gerbstoffe, aber der Wein ist auch fruchtig und balanciert. Eine Urgewalt, könnte man sagen. Wie Edgar Brutler selbst, den man sich gut in einem Vampirfilm vorstellen kann, in dem kein Blut, sondern nur Wein fließt.

www.brutler.com | Shop www.la-vincaillerie.de | €€

78_Die schwedische Methode

SAV 1785 Pétillant Naturel

Falls Sie dachten, der dänische Kirschwein wäre der größte Exot in diesem Buch, dann muss ich Sie enttäuschen. Diese Auszeichnung gebührt definitiv diesem Wein, der aus einer Grundzutat vergoren wurde, die eigentlich keiner bei alkoholischen Getränken auf dem Schirm hat: Birkensaft. Wenn der Winter sich zurückzieht und die Böden auftauen, steigt der Birkensaft in die Bäume. Er wird durch kleine Löcher, die in den Stamm gebohrt werden, geerntet – und pasteurisiert. Keine Angst, die Birken überleben das Abzapfen.

Klingt irre und ultramodern? Ist aber eine Idee aus dem Jahr 1785, auf deren Grundlage der Chemie-Ingenieur Gunnar Jegrelius eine Rezeptur für Birkenchampagner entwickelte, auf Schwedisch »Björkchempagne«. Das Ur-Rezept war in Vergessenheit geraten und erst 1987 von ihm wiederentdeckt worden. Es dauerte ein Jahrzehnt, bis aus einigen üblen Versuchen etwas Einzigartiges entstand, das reich an Kalzium, Phosphor, Magnesium, Mangan, Zink und Eisen ist.

Der Saft der Birken, die rund um den See Storsjön in der Provinz Jämtland zu Hause sind, wird auf ungewöhnliche Weise vinifiziert. Die SAV Winery spricht selbstbewusst von der »Méthode suédoise«, der schwedischen Methode. Es ist eine Mischung aus der »Méthode traditionelle«, also der Flaschengärung wie beim Champagner, der »Méthode Charmat«, also dem profanen Trankgärverfahren, und der »Méthode ancestrale« wie beim Pétillant Naturel. Bevor die erste Gärung im Tank abgeschlossen ist, werden neue Hefe und Zucker hinzugefügt und der Wein anschließend in Flaschen abgefüllt, wo er sein Prickeln entwickelt. Nach insgesamt anderthalb Jahren kommt er in den Verkauf. Als Bio-Wein, sehr hell, vegan, ungeschwefelt. Geschmacksstufe dry – was bei Schaumwein immer bedeutet: recht süß. Unbedingt kühl genießen. Schmeckt unvergleichlich. Und ein bisschen nach grünen Äpfeln. Soll übrigens auch Gicht und Rheuma lindern.

---

www.savwinery.com | €€

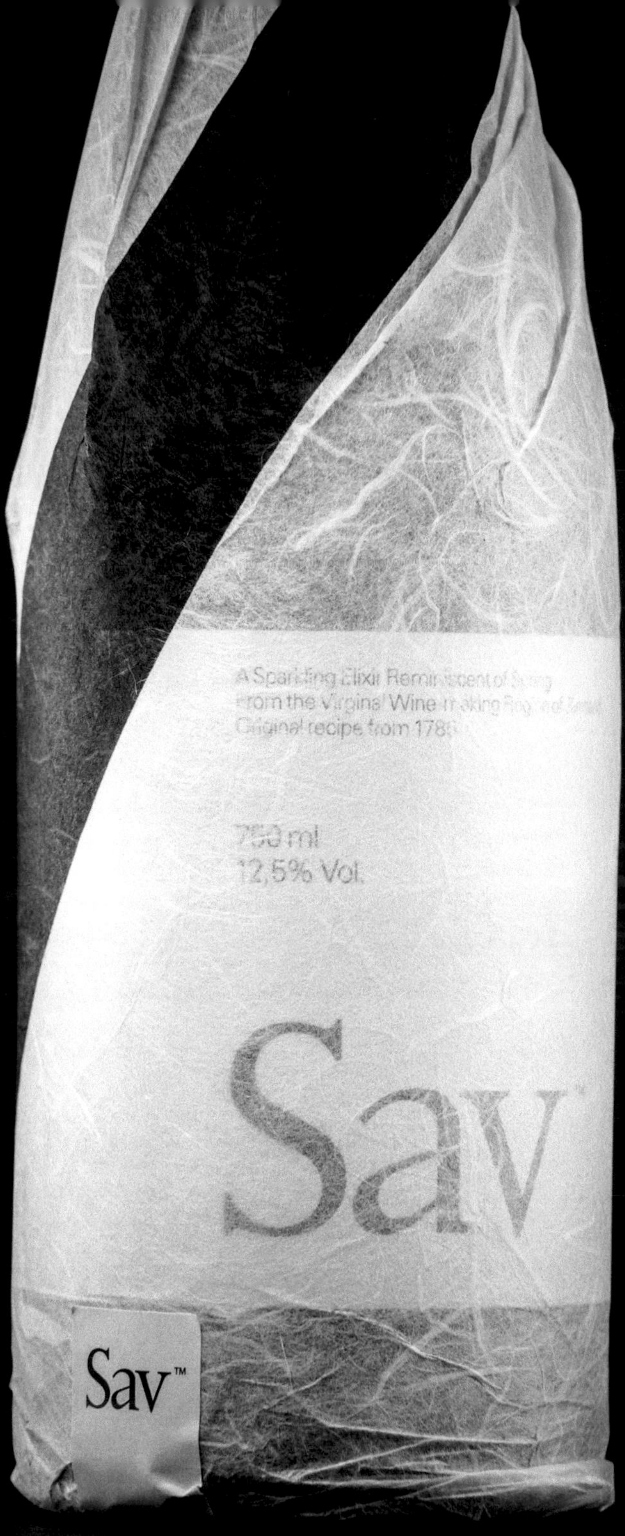
750 ml
12,5% Vol.
Sav
Sav™

79 Auf dem Damm

Petite Arvine »Les Titans«

Manche Weine sind besonders wegen ihres Winzers, andere wegen der Lage ihrer Weinberge, dem Alter ihrer Rebstöcke, ihrem Ausbau im Keller oder ihrer Historie. Dieser besonders aufgrund des Ortes, wo er heranreifte.

Die Weinlinie »Les Titans« wurde nämlich zu Ehren der Erbauer der Walliser Stauwerke kreiert, die unter Extrembedingungen unzählige Kilometer Stollen in den Berg trieben. Vinifiziert werden die titanischen Weine in den Kellereien von Provins, dem größten Erzeuger von Schweizer Weinen. Doch der Wein in den Eichenfässern reift woanders, er wird auf 2.200 Meter Höhe transportiert und dort in einem Stollen des Staudamms »Grande Dixence« mehrere Monate, ja sogar bis zu zwei Jahre bei vier Grad Celsius gelagert. Hinter der höchsten Gewichtsstaumauer der Welt wird das Schmelzwasser von 35 Walliser Gletschern rund um Zermatt und bis ins Val d'Hérens gesammelt.

Einer der wenigen Weine, die dort heranreifen, ist dieser Petite Arvine. Nicht nur, dass diese Rebsorte eine der seltensten der Welt ist, sie ist auch eine Unbekannte. Soll heißen: Kein Ampelograph konnte mittels DNA-Analysen herausfinden, wer ihre Elternreben sind und mit welcher anderen Sorte sie verwandt ist. Die Petite Arvine gehört keiner Familie an, sie ist einzigartig. Der Name könnte allerdings darauf hindeuten, dass sie einst aus dem savoyischen Arvetal ins Wallis gelangte. Einst gab es auch eine Sorte, die Grande Arvine genannt wurde – aber auch die ist mit der Petite Arvine nicht verwandt. Mittlerweile wurde der Anbau der Grande Arvine aufgegeben – ein Arvine ist deshalb immer ein Petite Arvine.

Dieser besondere Arvine weist einen feinen Duft nach Grapefruit auf, aber auch Orangenschale und Limone finden sich. Am Gaumen ist er kraftvoll, füllig und cremig, mit feiner Säure im Finale. Man schmeckt den Staudamm nicht, aber der Wein hat eins mit ihm gemeinsam: Tiefe.

www.provins.ch | www.provins.ch/shop/de | €€€€

LES TITANS
PETITE
ARVINE
VALAIS AOC
75 CL℮ - 14.5% VOL.
MISE D'ORIGINE PAR PROVINS VALAIS - SION (SUISSE)
LES TITANS

80 Grenzenloser Genuss

Sauvignon Blanc »Le Grand«

Eine der schönsten Facetten des Weins ist, dass er verbindet. Nicht nur Menschen, sondern ganze Länder, ja Kontinente. In diesem Fall ist der Wein ein Beweis für gute Nachbarschaft. Oder besser: köstliche Nachbarschaft! Denn hinter dem Weingut Riehen steckt zum einen der deutsche Kultwinzer Hanspeter Ziereisen aus Efringen-Kirchen, berühmt, ja legendär für seine Gutedel, seine Syrahs, seine Pinot Noirs. Der gelernte Schreiner wurde zum Vorbild für eine ganze Winzergeneration. Zum anderen ist der große Schweizer Weinhändler Paul Ullrich beteiligt.

Die Reben des Gutes stehen im unteren Teil des Tüllinger Bergs, über dessen südöstliche Ausläufer die Grenze zwischen Deutschland und der Schweiz verläuft. Die Weinberge des Gutes gehören alle zur Schweiz, genauer zur Region Basel-Stadt. Die am Südwesthang dagegen gehören zu Deutschland und werden zu Markgräfler Wein verarbeitet.

Der Bereich, in dem die Reben des Weingutes Riehen auf Süßwasserkalk mit einer Auflage aus Löss-Lehm stehen, wird als »Schlipf« bezeichnet und wurde bereits 1328 erstmals erwähnt. Nach vielen Jahren, in denen sich unter anderem Zisterzienser und das Domstift Basel des Weinbergs angenommen hatten, fiel er mehr oder weniger in Vergessenheit und wurde 1979 von der Gemeinde Riehen wiederbelebt. Die Burgundische Pforte lässt viel Wärme, aber nur wenig Niederschläge durch. Im Herbst sorgen kühle Nächte – der Schwarzwald für eine hervorragende Aromenausprägung in den Trauben.

Es gibt zwei Linien: »Le Petit« und »Le Grand«. Wobei auch die Kleinen schon verdammt groß sind. Der kraftvolle, im Edelstahl ausgebaute Sauvignon Blanc entführt aromatisch an die Loire, denn er ist aromatisch subtil statt laut. Man merkt, dass dem aus sehr kleinen, aromatischen Beeren gewonnenen Wein viel Zeit gegeben wurde, im Weinberg wie im Keller. Und der Große legt noch eine ganze Schippe drauf!

www.weingutriehen.ch | Shop www.ullrich.ch | €€€€€

RIEHEN & BASEL
LE GRAND
WEINGUT RIEHEN
RÉSERVE NUMÉROTÉE

81 Hoch hinaus

Heida »Veritas«

Nicht viele Rebstöcke können Gletscher sehen – die in Visperterminen schon. Sie stehen auf einer Höhe von 650 bis 1.150 Metern in kleinen Terrassenweinbergen, die manchmal nicht größer als zwei Bettlaken sind. Die sagenhaften 500 Meter Höhenunterschied werden mit steilen Terrassenmauern überwunden. So schafft es Visperterminen, dessen Bewohner sich »Tärbiner« nennen, den höchsten Weinberg Festland-Europas sein Eigen zu nennen. Ihn erstmals zu sehen, ist spektakulär und ein bisschen unwirklich. Möglich ist der Weinbau so hoch oben, weil warme Föhnwinde die Reifung der Trauben begünstigen.

In der Kellerei Sankt Jodern sind rund 500 Genossenschaftswinzer zusammengeschlossen. Den »Veritas« gibt es erst seit 2010, denn bis dahin wurden die für diesen Wein verwendeten Trauben nicht separat ausgebaut. Sie stammen von wurzelechten, über hundert Jahre alten Stöcken. Die traditionelle Technik des »Vergrubens« wird angewandt, um abgestorbene Reben zu ersetzen. Nur 2.000 Flaschen gibt es pro Jahr von diesem Tropfen.

Die Rebsorte des Veritas heißt Heida, was auf Walliserdeutsch »ursprünglich« oder »in heidnischer Zeit« bedeutet. Eine ihrer besonderen Eigenschaften: Sie führt zu sehr alkoholischen Weinen, 14 Volumenprozent sind keine Seltenheit. Deshalb beschrieb ein Wissenschaftler den typischerweise strohgelben Tropfen 1901 als »gefährlichen Beinbrecher«. Die Rebsorte ist eine Rarität, die einst aus dem französischen Jura ins Wallis gelangte. In der Franche-Comté wird die Sorte Savagnin oder Savagnin Blanc genannt. Der berühmte Ampelograph Pierre Galet vermutete, dass sie mit der Traminer-Rebe identisch ist, was DNA-Analysen bestätigt haben.

Der kraftvolle Heida »Veritas« duftet sehr floral. Sogar nach – man mag es kaum glauben – Enzian. Dazu kommen exotische Früchte, aber auch Äpfel. Am Gaumen sehr dicht und rund, im feinherben Finale mit einem leichten Hauch Salz. Ein echter »Hochgenuss«!

www.jodernkellerei.ch | €€€

HEIDA VERITAS
WEIN AUS DEM
HÖCHSTEN WEINBERG EUROPAS
VISPERTERMINEN
Appellation d'Origine Contrôlée
Wallis

82 Salz

Adur Txakoli

Pergolen kennt man aus Gärten, wo die laubenartigen Holzgestelle, an denen sich Pflanzen ranken, zum Lustwandeln in sommerlicher Hitze einladen. Auch beim Weinbau kommt dieses System zum Einsatz, weil es den Trauben ermöglicht, im Halbschatten zu wachsen – was in heißen Gegenden zur Vermeidung von Sonnenschäden sinnvoll ist. Auf der anderen Seite bedeutet Pergola-Erziehung auch hohe Erträge, weswegen sie für konzentrierte Spitzenweine wenig sinnvoll ist. Aber mancher Wein will einfach nur ein richtig guter Alltagswein sein.

Beim Txakoli ist beides der Fall. Er wird an der baskischen Küste getrunken, einer Region, die berühmt ist für ihre großartige Tapas-Kultur. Zu dieser Küche passt genial dieser ganz leicht bitzelnde Wein, der nach dem Salz und Jod des Golfs von Biskaya riecht, wo er wächst. Er hat nie mehr als zwölf Umdrehungen und bietet wenig Frucht, nur einen Hauch Zitrone. Sauer ist er – und »dünn«, aber eben auch enorm speicheltreibend. Der erste Schluck ist befremdlich, ab dem zweiten will man mehr. Der Txakoli von Adur ist der Traum zweier Weinmacher, die bei großen Kellereien beschäftigt sind und 2010 ihr eigenes kleines Projekt gründeten: das Ehepaar Maitena Barrero und Héctor Gómez. Von gerade einmal zwei Hektar gepachteten Weinbergen, die biologisch bewirtschaftet werden, erzeugen sie Txakoli. Die Edelstahltanks, in denen er spontan vergoren und auf der Vollhefe ausgebaut wird, stehen in einem Gut zur Untermiete. Hergestellt wird er zu hundert Prozent aus der Rebsorte Hondarribi Zuri (Hondarribi bezieht sich auf die Stadt Hondarribia, »zuri« ist Baskisch für »weiß«).

Wundern Sie sich nicht, dass Sie Txakoli bisher nicht begegnet sind. Es gibt nicht einmal 20 Weingüter, die auf rund 180 Hektar Wein erzeugen. Und fast alles trinken die Basken – und zwar direkt im Sommer, nach der Lese. Txakoli ist nicht gemacht, um zu reifen, sondern um eiskalt genossen zu werden. Erfrischung pur!

www.twitter.com/adurtxakolina | Shop www.weinhalle.de | €

Getariako Txakolina
DENOMINACION DE ORIGEN
KONTSEILU ARAUTZAILEA
F 059984
Getariako Txakolina
DENOMINACION DE ORIGEN
ADUR

83_Hexenwerk

La Bruja de Rozas

Bei den coolsten Weinnamen liegt dieses Weingut ganz vorne: »Comando G« steht für »Kommando Garnacha«, und »La Bruja de Rozas« bedeutet »Die Hexe von Rozas« – und ihr Schuh ist auf dem Etikett abgebildet. Sieht nach Rock'n'Roll-Hexe aus, und das passt auch zu diesem Wein, der im Mund einen klasse Auftritt hinlegt. Der Wein ist die Visitenkarte des Gutes, es gibt noch deutlich teurere, aber dieser Tropfen ist ein echtes Preis-Genuss-Wunder und die ideale Einführung in eine Weinregion, die bis vor wenigen Jahren selbst in Spanien kaum jemand kannte. Zwei Stunden westlich von Madrid liegt die karge Landschaft der Sierra de Gredos mit Bergen, die bis zu 2.500 Meter in die Höhe ragen – die südlichste Alpenlandschaft Europas. Eine Weinregion im Verschwinden, denn in den letzten zwanzig Jahren rodeten Zugezogene achtzig Prozent der Rebflächen für ihre Fincas und Casas.

Uralte Buschreben gibt es in verstreut liegenden Weingärten, aber kaum professionellen Weinbau. Der Trupp von »Comando G« gehört zu der dynamischen neuen Garde von spanischen Weinmachern, die die Region im Herzen des Landes neu entdeckten. Und von hier kommen Weine ganz eigener Prägung, für Spanien regelrecht zart und mit feiner Säureprägung. Garnachas, die mit Burgundern verglichen werden können. Sie sind so einzigartig und so herausragend, dass es unglaublich erscheint, dass diese Region im Dornröschenschlaf lag! Die Böden sind sandig, aber es gibt auch Granit, Schiefer und Quarz. Noch wichtiger sind vielleicht die Höhe der Weinberge (auf rund 1.000 Metern) und das feuchte Klima mit kühlen Winden, die für eine langsame Reife sorgen.

Der »La Bruja de Rozas« wird in französischen Holzcuves vergoren und in Tonamphoren und 500-Liter-Holzfässern ausgebaut. Der Wein aus biodynamisch erzeugten Trauben duftet nach dunklen Kirschen und Zedernholz, am Gaumen ist er herrlich seidig. Eine betörende Hexe!

---

www.comandog.es | Shop www.gute-weine.de | €€

LA BRUJA DE ROZAS
ROZAS DE PUERTO REAL
VINO DE PUEBLO
ELABORADO POR FERNANDO Y DANIEL
VALLE DEL TIÉTAR
SIERRA DE GREDOS

84 Keine Margarine!

Goya XL Manzanilla Reposada en rama

»Salzig« ist eines der Buzzwords der Weinszene und hat »mineralisch« abgelöst. Es gibt im weltweiten Weinmeer nur wenige Weine, die wirklich mineralisch geprägt sind – und noch weniger sind salzig. Der baskische Txakoli ist einer dieser seltenen Fälle, und dank der Atlantikwinde auch der trockene Manzanilla-Sherry. Der »Goya XL« ist der beste Manzanilla des 1744 gegründeten Hauses Delgado Zuleta, benannt nach dem Seefahrer Don José María Delgado y Zuleta.

Alljährlich gibt es gerade einmal 3.000 Halbliterflaschen dieses zehn Jahre in »Criaderes & Solera« (Amerikanische Eiche) gereiften Tropfens. Ganz traditionell aus Palomino-Trauben erzeugt, reift der Wein unter einem Hefeflor. Wenn diese knochentrockene Sherry-Art mit rund 15 Volumenprozent aus der Gegend von Jerez kommt, wird sie als Fino bezeichnet, in der Küstengegend von Sanlúcar de Barrameda heißt sie Manzanilla – und das Meer prägt sie. Diese sehr trockenen Weine schmecken nach Mandeln und Kräutern mit einem gewissen salzigen Touch. Was sie zusätzlich von Fino-Sherrys unterscheidet, sind ihre ungemeine Frische und Noten von Kamille.

Der »Goya XL« ist goldfarben und duftet nach geröstetem Getreide und Zitronenschale, am Gaumen kommen dann Salz, Jod, schwarze Oliven und geröstete Nüsse. Kühlen Sie ihn auf vier bis neun Grad und essen Sie ein paar Mandeln dazu. Großartig! Obwohl der Manzanilla viel Alkohol hat, ist er nicht zur Reifung gedacht. Trinken Sie ihn im Halbjahr, nachdem Sie ihn gekauft haben.

Der Zusatz »en rama« im Namen bedeutet, dass der Wein weder gefiltert noch kältebehandelt wurde, er ist quasi einfach nur aus dem Fass gezogen. »Reposada« wiederum steht dafür, dass der Hefeflor bei diesem Manzanilla schon angefangen hat zu verschwinden (wie auch bei einem Fino Amontillado). Ein komplexer, früher populärer Stil, der heute leider nur noch selten zu finden ist.

www.delgadozuleta.com | €€

Goya
XL
MANZANILLA EN RAMA
REPOSADA
DELGADO ZULETA
DESDE 1744
D.O. MANZANILLA
SANLÚCAR DE BARRAMEDA

85 Spanischer Schiefer

Bierzo »Villa de Corullón«

Schiefer ist weltweit gesehen selten und auch in Spanien etwas Besonderes. In Bierzo, einer im Nordwesten Spaniens gelegenen Region, die an Galicien und Asturien grenzt, ist aber Verwitterungsschiefer beheimatet, genauer nahe Villafranca del Bierzo und Corullón. Die rote Herrscherin dieser Weinberge ist die Mencia-Traube, eine autochthone Sorte der Region, die eigentlich für leichte, duftige, hellrote Weine bekannt ist, die jung getrunken werden.

Dass es auch anders geht, beweist eine der Lichtgestalten des spanischen Weinbaus: Álvaro Palacios, der mit Anfang 20 ein Praktikum bei Château Pétrus absolvierte. Er gehört zur Gruppe, die das Priorat wiederentdeckte, und sein »L'Ermita« ist einer der gesuchtesten Weine Spaniens, ein echter Kultwein. Aber auch in anderen Regionen leisten er und sein Team Herausragendes, so auch in Bierzo – wobei die Idee von Ricardo Palacios, Alvaros Neffen, kam. 1999 wurde der erste Wein präsentiert.

Von Corullón aus ist es nicht weit bis Santiago de Compostela, Mönche und Pilger prägten die Region. Es ist nicht so feucht wie im nahen Galicien und nicht so trocken wie im benachbarten Kastilien. Die Tage sind heiß, die Nächte kühl, und aufgrund von rund 2.000 Meter hohen Gebirgen, die diese Region umschließen, kommt nicht viel Regen hierher, ebenso wenig wie atlantische Winde.

Der Villa de Corullón ist der Erstwein, darüber gibt es nur noch Einzellagenweine in zum Teil mikroskopischer Auflage. 45 Hektar Weinberge in 220 Parzellen werden bewirtschaftet, teilweise in schwindelerregender Höhe. Dem Wein ist diese Mühe nicht anzumerken, er ist gleichermaßen dicht wie fein und elegant, duftet nach Cassis, Sauerkirschen, Tabak, aber auch floral nach Heckenrosen und Veilchen. Rund acht Prozent weiße Rebsorten in der Cuvée sorgen für einen richtig kecken Säurekick. Ein nahezu burgundisches Vergnügen.

www.alvaropalacios.com | Shop www.gute-weine.de | €€€

VINO DE LA VILLA DE CORULLÓN
Villa de Corullón
DESCENDIENTES
DE J. PALACIOS
PRODUCT OF SPAIN

86 Kunst-Eis

Riesling »Vi de Glass«

Es gibt schon einige verrückte Weine – und dies ist ganz bestimmt einer. »Vino Dulce de Frio« steht auf dem Etikett. Und das bedeutet in etwa: Eiswein. Aber Eiswein aus Spanien? Wo bekommen die Trauben denn da Frost ab? Antwort: nirgendwo. Beziehungsweise: im Weingut.

Schon seit 1997 wird dieser spanische Exot produziert, die Kältetechnik dabei immer weiter verbessert. Die eigens konstruierte Apparatur wird von zwei Kältekammern gespeist, die mit flüssigem Stickstoff bei -15 Grad Celsius arbeiten. Der Einfrierprozess erfolgt dadurch besonders schnell und gleichmäßig. Nach der Pressung der gefrorenen Riesling-Trauben vergärt der Most über zweieinhalb Monate in Edelstahltanks. Der lange Zeitraum resultiert aus der hohen Zuckerkonzentration. Was wie Science Fiction klingt, könnte die Zukunft des Eisweins sein. Wohlgemerkt: die einzige Zukunft. In Deutschland, dem Mutterland des Eisweins, ist er aufgrund der Klimaerwärmung nur noch äußerst selten möglich.

Diese Zukunft ist goldgelb und schmeckt köstlich. Extrem klare und frische Fruchtnoten von Orangen, Limetten, aber auch Mandarinen und Pfirsich, dazu Akazienhonig und mediterrane Kräuter, sogar ein Hauch Minze. Am Gaumen ist die Süße präsent, wird aber durch die begeisternd rasante Riesling-Säure balanciert. Mit unter zehn Prozent Alkohol ist der »Vi de Glass« zudem angenehm leicht – wenn auch etwas opulenter als ein klassischer deutscher Eiswein und natürlich auch nicht so rassig wie ein Exemplar von Mosel, Saar und Ruwer.

Gramona ist eigentlich berühmt für seine Cavas, die zu den besten des Landes gehören. Aber auch die Stillweine der ökologisch und biodynamisch arbeitenden Kellerei sind großartig. Falls Sie vor Ort sind, können Sie die Weinberge übrigens auf eine äußerst ungewöhnliche Art und Weise erleben: auf dem Rücken der Pferde. Halb- oder ganzstündige Ausritte mit Erklärung der Weinberge sind möglich.

www.gramona.com | €€

VI DE GLASS
VINO DULCE DE FRIO
RIESLING
Gramona
PENEDÈS

87_Hitzige Sache

Tio Uco

Toro bedeutet Stier und ist sicher eines der berühmtesten spanischen Wörter. Dass Toro auch der Name einer der interessanten Weinregionen des Landes ist, wissen die wenigsten. Sie befindet sich rund um die gleichnamige Stadt und war früher bekannt für Weine mit drei Eigenschaften: dunkel, hochprozentig, mies. Einst standen hier rund 35.000 Hektar, das ging bis Mitte der 1990er Jahre auf knapp 750 zurück – und mit dem Boom wieder hoch auf 5.500 Hektar. Eine Phönix-aus-der-Asche-Geschichte, wie sie eigentlich nur mit dem Priorat zu vergleichen ist – wobei die Weine aus Toro stilistisch eine ganz andere Nummer sind. Hier herrscht die Tinta de Toro, eine nahe Verwandte der Tempranillo, manche sagen: ihre Vorfahrin. Sie hat eine dickere Schale und kleinere Beeren, deren Tannin- und Extraktgehalt sehr hoch und deren Säuregehalt niedriger als bei der Tempranillo ist. Die Hälfte aller Tinto-de-Toro-Reben steht auf wurzelechten Rebstöcken, ein Wahnsinnsanteil. Sie wachsen auf 600 bis 800 Metern Höhe, die Tage sind heiß, die Nächte kühl, was zu komplexen Weinen führt.

Der »Tio Uco« stammt aus drei Parzellen, 35, 89 und 93 Jahre alt (Stand 2021). Die Reben werden nicht entrappt, der Most wird spontan vergoren und für sechs bis acht Monate in gebrauchten Eichenholzfässer ausgebaut.

Álvar de Dios Hernández, der das Gut 2014 gründete und die Reben ökologisch und biodynamisch bewirtschaftet, geht es um Weine ohne Make-up (also technische Spielereien und zu viel Holzeinfluss). Der »Tio Uco« ist sein Einstiegswein, ungeschönt, ungefiltert und eines der großen Preis-Genuss-Wunder Spaniens. Ein Tropfen, der die wahnsinnige Power der Region verdeutlicht, aber trotzdem in Balance ist. Es gibt nur wenige Flaschen, denn im Hauptberuf arbeitet Alvar de Dios Hernández bei einem Weingut in der Sierra de Gredos (Bodega Marañones). Der »Tio Uco« ist sein Liebhaberprojekt. Man schmeckt es!

---

www.alvardedios.com | €

Tío
Uco
VINO DE
PUEBLO
ALVAR DE DIOS

88 Geduld! Zugreifen!

Viña Tondonia Gran Reserva Rosado

Es gibt andere Rosés auf der Welt – aber keinen besseren. Das Problem ist: Es gibt ihn nur sehr selten. Und wenn es ihn gibt, dann immer nur wenige Flaschen. Also: zuerst Geduld, und dann zugreifen. Er ist der einzige Rosado Gran Reserva der Rioja. Und farblich korrekt ist er gar kein Rosado, sondern ein Cobrizo. Den Begriff gibt es bei Wein natürlich gar nicht, aber er bedeutet kupferfarben. Noch mehr Ungewöhnliches? Für diesen Rosado werden nicht nur rote Trauben (60 Prozent Garnacha und 30 Prozent Tempranillo), sondern auch weiße (zehn Prozent Viura) zusammen vergoren. In Deutschland wird diese Methode beim Schillerwein und Rotling angewendet. Es gibt noch mehr Ungewöhnliches: Der Wein reift vier Jahre in sehr alten Barriques aus amerikanischer Eiche und danach sechs Jahre auf der Flasche, bevor er auf den Markt gebracht wird.

Jetzt sind Sie darauf vorbereitet, was Sie auf keinen Fall erwartet: ein normaler Rosé. Aber es ist auch keine normale Bodega. 1877 wurde sie als erstes Weingut in Haro gegründet, der heutigen Weinhauptstadt der Rioja. Don Rafael López de Heredia y Landeta ließ das Weingut so bauen, dass Trauben, Most und Wein mit Schwerkraft bewegt werden konnten – heute State of the Art. Er baute auch gleich eine Küferei, sodass man selbst Fässer herstellen konnte. Kurz: ein echter Visionär.

Die Weine werden noch genauso hergestellt wie damals. Natürlich spontan vergoren, das ging früher ja gar nicht anders. Stahltanks gab es nie, auf Filtration wird verzichtet, und die Weine werden mit Eiweiß geschönt. Moden macht das Weingut nicht mit, weswegen die Tropfen nie holzbetont, alkoholisch oder konzentriert, sondern immer elegant und frisch sind. Der Rosado duftet würzig nach getrockneten Blumen, Orangenzesten, Rosenöl, Zimt, Nüssen, am Gaumen dann: jung, frisch und mit Säurezug! Rote Johannisbeeren, Kirsche und Quitte. Ein unfassbares Ding!

www.lopezdeheredia.com | €€€€

VINOS FINOS
de
RIOJA
Denominación de Origen Calificada
R. López de Heredia Viña Tondonia S.A.
VIÑEDOS Y BODEGAS EN:
HARO (RIOJA ALTA) ESPAÑA
PRODUCTO DE ESPAÑA
FUNDADA EN 1877
VIÑA
TONDONIA

89_Himmelsleiter

Clos Mogador

Die Himmelsleiter erblickt Jakob laut Bibel während seiner Flucht in einer Traumvision. Er sieht die Engel Gottes, die auf- und niedersteigen. Es finden sich verschiedene kirchliche Bauten auf dem Globus, die nach ihnen benannt sind. Wer die Ruinen des im Jahr 1163 gegründeten »Priorat de la Cartoixa d'Escaladei« anschaut, hält es durchaus für möglich, dass von diesem besonderen Ort einen direkter Weg nach ganz oben führt.

Wie das Priorat lag der Weinbau in der nach ihm benannten Region lange in Trümmern. Ende der 1970er Jahre machten sich einige Weinmacher daran, die unwirtliche Region wiederzuentdecken. Einer der Ersten war der aus einer französischen Weinmacherlinie stammende René Barbier, der einen kleinen Weinberg im Ort Gratallops erwarb, in den er zusätzlich Grenache, Carignan sowie etwas Cabernet Sauvignon und Syrah pflanzte. Damit begann Clos Mogador, der später Kataloniens erster offizieller »Vi de Finca« wurde (ein Einzellagen-Gutswein). Das Irre daran: Der Priorat ist Kataloniens älteste Weinregion und zählte im Mittelalter zu den bedeutendsten Spaniens. 2001 endete der Dornröschenschlaf ganz offiziell, als der Priorat zur höchsten spanischen Qualitätsstufe DOCa (Denominación de Origen Calificada) erhoben wurde – als einziges Gebiet neben Rioja. Auf den 150 bis 1.000 Meter hoch liegenden, kargen Licorella-Schieferboden erbringen die Rebstöcke nur extrem wenig Ertrag (um fünf Hektoliter pro Hektar), aber die Weine sind enorm konzentriert. Sie bewiesen der Weinwelt, dass in Spanien nicht nur aus der Tempranillo-Traube große Rotweine erzeugt werden können, sondern auch aus der Garnacha.

Clos Mogador ist heute ein riesiges Amphitheater aus Schiefergestein. Und der Wein spiegelt diese gewaltige Landschaft wieder. Vier bis fünf Wochen bleibt die Maische beieinander, sehr lang, es geht um Extraktion, Konzentration. Ein Wein wie ein intensives Gebet!

www.closmogador.com | Shop www.silkes-weinkeller.de | €€€€

CLOS MOGADOR
VINYA CLASSIFICADA
GRATALLOPS
PRIORAT
DENOMINACIÓ D'ORIGEN QUALIFICADA
VINYES EN
PROPIETAT
DES DE 1979
Clos Mogador
BARBIER
MEYER

90 Ethnographischer Wein

Rioja Naturalmente Dulce »Supurao Tinto«

Rioja ist eine der weltberühmtesten Weinregionen, die man deshalb gut zu kennen weiß. Stichworte sind Tempranillo, Crianza, Reserva und natürlich Gran Reserva. Spaniens Paraderegion wurde erstaunlicherweise erst durch Frankreich so bedeutend. Zunächst brachten Önologen in der zweiten Hälfte des 19. Jahrhunderts Techniken aus Bordeaux hierher, dann traf die Reblaus den Weinbau der Grande Nation verheerend, und die Weinliebhaber stillten ihren Durst fortan mit Rioja.

Aber selbst in der Rioja finden sich Überraschungen – und eine davon kommt aus Logroño. Dort findet sich mit Ojuel eine der ungewöhnlichsten Bodegas der Region, denn sie hat sich unter anderem »ethnographischen« Weinen verschrieben. Dabei geht es um Rebsorten und Methoden der Ururgroßeltern. Einer dieser Weine – und der wahrscheinlich berühmteste des Gutes – ist ein süßer Roter namens Supurao, der früher unter anderem zur Geburt eines Mädchens hergestellt wurde und bis zu ihrer Hochzeit reifte. Die Trauben stammen aus der Sierra de Moncalvillo, einer Gebirgsregion mit bis zu 1.495 Meter hohen Bergen. Es gibt nur noch wenige Weingärten, denn die Gegend galt bei Rioja-Winzern als zu kühl und die Rebsorten als minderwertig. Das Team der Bodega Ojuel sieht das anders und liefert mit ihrem – allerdings aus den klassischen Rebsorten Garnacha und Tempranillo gewonnenen – Supurao ein beindruckendes Beweisstück. Falls Sie auf der Suche nach einem Wein zu Schokoladendesserts sind, sind Sie jetzt fündig geworden. Mit rund 12 Prozent ist er deutlich weniger alkoholisch als andere süße Rotweine, wie zum Beispiel Port, die mittels Zugabe von Alkohol erzeugt werden.

Die Trauben werden über den Winter in den Häusern getrocknet, nicht auf Strohmatten, sondern aufgehängt an speziellen Gestellen. Es erstaunt, wie viel Säure dieser Wein aus rosinierten Trauben aufweist und wie viel Frische die Aromen von Himbeeren, Cranberrys und Kirschen besitzen. Rioja mal von einer ganz anderen Seite!

www.ojuelwine.com | Shop www.weinhalle.de | €€€

91 Wiederbelebungs-maßnahme

Botani Moscatel Old Vines

Die Weinhistorie von Málaga reicht zurück bis in die Bronzezeit, als vor rund 3.000 Jahren phönizische Händler die Moscatel de Alejandría aus Ägypten hierherbrachten, die älteste Vertreterin der weitverzweigten Muscat-Familie, vermutlich die Ur-Rebe. In Spanien findet sich ihre größte Anbaufläche, wobei gut die Hälfte der Ernte als Tafeltrauben verspeist wird. Auch auf den extrem steilen Weinbergen Malagas fand sie eine Heimat. Sie sind nicht terrassiert, sondern ganz ursprünglich und können nur händisch bearbeitet werden. Einst standen hier 100.000 Hektar Reben. Als die Reblaus kam, war es eine unvorstellbare Katastrophe für die Insel, die daraufhin die Hälfte ihrer Bevölkerung verlor. Gut 1.000 Hektar gibt es heute noch, und nirgendwo auf dem europäischen Festland werden die Trauben früher geerntet.

Wer als Weintrinker an Malaga denkt, dem kommen Süßweine und an Sherrys erinnernde Generosos in den Sinn. Und Eisfreunde denken an die Sorte Malaga, mit in Wein eingelegten Rosinen.

Der Botani Moscatel Old Vine ist der erste trockene Wein der Region, der ohne zugesetzten Alkohol erzeugt wurde – so wie es früher einmal üblich war. Ein wunderbarer, kraftvoller Muscat von Jorge Ordoñez. Das Gut wurde erst 2004 von den Familien Ordoñez (Spanien) und Kracher (ein Süßweinspezialist aus Österreich) gegründet. Die Trauben wachsen an zum Teil über 70 Jahre alten Rebstöcken auf einer Höhe von 400 bis 600 Metern, werden schonend abgepresst (zur Hälfte entbeert, zur Hälfte Ganztrauben), spontan in temperaturkontrollierten Edelstahltanks vergoren, um die Frische zu erhalten, und reifen sechs bis acht Monate auf der Hefe, um dem nach exotischen Früchten wie Litschi und weißen Blumen duftenden Wein mehr Komplexität zu geben.

Ungewöhnliches Detail: Das Etikett ist wasserfest, damit die Flasche ausreichend lange im Kühler ausharren kann, ohne darunter zu leiden.

www.jorgeordonez.es | €

BOTANI
BOTANI
JORGE ORDOÑEZ & CO.
MOSCATEL
OLD VINES
SIERRAS DE MALAGA
DENOMINACION DE ORIGEN

92_Der Anonyme

Trepat Tinto »Trempat«

Es gibt Rebsorten, die haben viele Weingenießer schon mal getrunken, ohne es zu wissen. Trepat ist so ein Fall, denn die Rebsorte wird oft für die Herstellung von Cavas verwendet, ohne dass ihr Name auf dem Etikett steht. Viel Säure, wenig Alkohol, eher subtil in der Aromatik (typischerweise Weichselkirschen und Preiselbeeren) – die Trepat ist ideal für Sprudler. Für Rotwein kam die Sorte dagegen nicht in Frage, da sie eine geringe Farbintensität aufweist – worin sie allerdings großen Rotweinreben wie Pinot Noir oder Nebbiolo ähnelt.

Ihre Heimat ist Katalonien, vor allem in den Denominaciónes de Origen Costers del Segre und Conca de Barberà (irritierender Name, weil eine Rebsorte namens Barbera im Piemont Berühmtheit erlangt hat). Letztere ist durch das nahe Mittelmeer geprägt, aber auch durch Berge, die den maritimen Einfluss abschwächen. Die Winter sind strenger und die Feuchtigkeit ist höher als in anderen Regionen Kataloniens.

Die Trepat ist weiß Gott keine einfache Rebe: Sie bildet früh Knospen, reift spät, verträgt keine Trockenheit und ist recht empfindlich gegen Frost. Eigentlich beste Voraussetzungen für das Aussterben. Auftritt Marta Pedra. In ihrer Weinlinie »Vins de Pedra« des 2010 gegründeten 20-Hektar-Familienweingutes La Vinyeta produzierte sie den ersten – oder zumindest einen der ersten – rebsortenreinen Rotweine aus Trepat. Die Trauben stammen von über 70 Jahre alten Rebstöcken, die auf einem kargen, kalkhaltigen Tonboden stehen. Die Gärung findet mit wilden Hefen in großen Steinbecken statt, dann reift der Wein für fünf Monate in französischen Holzfässern. Das Ergebnis ist ein Tropfen, der wirkt wie eine Cuvée aus Rot- und Weißwein. Kirschfarben, enorm frisch und elegant, mit Noten von Rosenblüten, wilden Erdbeeren und Paprika – und dann etwas Lakritz in Finale. Der Wein kommt erst spät am Gaumen, dann aber mit überraschender Wucht!

---

www.vinsdepedra.es | Shop www.weinhalle.de | €

TREMPAT NEGRE

93_Umfaller

Cava Gran Reserva »Kripta«

Falls Sie sich wundern, dass ich »Cava« als Herkunftsbezeichnung angebe – das stimmt tatsächlich. Zwar wird Cava gemeinhin als spanischer Sekt bezeichnet, passender wäre allerdings spanischer Champagner, denn im Gegensatz zu deutschem Sekt ist genau definiert, aus welchen Regionen die Trauben stammen dürfen.

Dies ist fraglos eine der coolsten Flaschenformen in diesem Buch – und nicht so unsinnig, wie man auf den ersten Blick denkt. Natürlich kann man die an Amphoren erinnernde Buddel nicht hinstellen, aber genau das soll man ja auch nicht. Sie gehört in einen Champagnerkübel, wo sie mit Eis gekühlt wird, damit der edle Cava die richtige Temperatur hat. Der »Kripta« ist nämlich das Spitzenerzeugnis von Agustí Torelló Mata, einem der großen Namen in Sachen Cava. Sowohl qualitativ als quantitativ. 35 Hektar, die biologisch bewirtschaftet werden, gehören ihnen selbst, von weiteren 100 Hektar erhalten sie Trauben.

1979 entstand die Idee zu diesem besonderen Cava. Agustí Torelló Mata senior, der lange Zeit Önologe bei Freixenet und Codorníu war, machte sich in der Cava-Hochburg Sant Sadurní d'Anoia selbständig und beschloss, mit sehr alten Weinbergen im Penedès (alle über 60 Jahre) etwas Einzigartiges zu schaffen. Mit anderen Worten: der Champagne zeigen, was geht. Erzeugt wird der »Kripta« deswegen auch nach der »Methodo tradicional« (also genau wie Champagner mittels Flaschengärung), allerdings mit den für die Region traditionellen Rebsorten Macabeo (auch als Viura bekannt), Xarel·lo und Parellada. Mindestens vier Jahre reift er auf der Hefe und ist ein Brut nature, kommt also komplett ohne Versanddosage aus. Er ist so fein wie Champagner, perlt wie Champagner, aber aromatisch wegen der spanischen Rebsorten eine ganz eigene Welt. Muss man mal erleben. Ein Kärtchen informiert über das Datum des Dégorgements dieses Schäumers, der nur in herausragenden Jahrgängen erzeugt wird.

---

www.agustitorellomata.com | €€€€

CAVA
BRUT NATURE
KRIPTA
PRODUCT OF SPAIN

94 Elektrizitätswerk

Fino del Lagar »Eléctrico«

Passen Sie gut auf, wenn Sie diesen Wein bestellen, denn es gibt ihn auch in einer normalen Flasche – aber die ist nur der halbe Spaß. Die Glühbirnen-Form des »Eléctrico« soll nicht an Edison erinnern, sondern daran, dass sich der Gründungskeller von Toro Albalá im ersten Kraftwerk der Gegend befindet. Das hat schnell zu Witzen bei der einheimischen Bevölkerung geführt, die meinte, der Wein sei elektrisch oder strotze vor Elektrizität. Toto Albalá reagierte ebenso souverän wie klug auf die Scherze – und machte daraus einen Weinnamen.

Der Wein lohnt aber natürlich nicht nur wegen der Flasche und der Geschichte, sondern auch wegen seines Geschmacks. Schon seit 1922 gibt es den Eléctrico, und er ist ein echter Klassiker aus Montilla-Moriles, einer Denominação de Origem Protegida in Andalusien, im Süden der Provinz Córdoba, bekannt für Weine im Sherry-Stil aus der Rebsorte Pedro Ximénez. Früher ging fast die ganze Produktion nach Jerez, später machte man sich dann selbst einen Namen. So richtig bekannt ist sie aber bis heute nicht, was dazu führt, dass man die Weine immer noch für kleines Geld bekommt.

So auch den Eléctrico, der stilistisch ein Fino ist, aber im Gegensatz zu Sherrys nicht aufgespritet. Pedro Ximénez (abgekürzt PX) weist nämlich so viel Zucker in den Beeren auf, dass der daraus gewonnene Wein auf ganz natürliche Weise bis zu 16 Umdrehungen erreicht – mit der Palomino-Traube bekommt man das nicht hin. Wegen ihres hohen Glyzeringehalts sind PX Finos auch einen Hauch geschmeidiger als die aus Palomino gewonnenen.

Der strohgelbe und ganz leicht olivfarbene Eléctrico wird mindestens neun Jahre in einer 60-jährigen Solera ausgebaut und »en rama«, also unfiltriert, abgefüllt. Er duftet nach Mandeln und Toast, dazu ein bisschen Apfelschale sowie Limone – und ist hammermäßig trocken. Wie ein Schlag ins Gesicht! Kühl bei höchstens neun Grad genießen!

www.toroalbala.com | €

Eléctrico
FINO 3 FASES
UVA PEDRO XIMENEZ
Eléctrico

95 Alkoholfrei

Natureo Free Muscat

Fünf Standorte in drei Ländern (Spanien, USA und Chile, wo man als erste ausländische Firma ein Weingut gründete), mit dem Sangre de Toro (rot) und dem Viña Sol (weiß) zwei Megaseller aus dem Supermarktregal, von der Zeitschrift »Drinks International« zu »The World's most admired Wine Brand 2021« erklärt. Auch Brandys stellt die Firma her, deren Sitz in Barcelona zu finden ist. Das 1870 gegründete Unternehmen, das heute in fünfter Familiengeneration geführt wird, ist ein Riese. Torres ist eine Macht. Aber eine, die den Weinbau nach vorne bringt. Mit dem schon 2008 ins Leben gerufenen »Torres & Earth«-Programm wollte man 2020 den CO_2-Ausstoß um 30 Prozent verringern – und erreichte das Ziel schon 2019. 2050 will man kohlenstoffneutral sein.

Innovation ist die DNA dieses Unternehmens. Dazu passt, dass sie alkoholfreien Wein erzeugen. Es gibt den Natureo in Rot, Rosé, sprudelnd und Weiß – wobei Letzterer am meisten überzeugt. Gewonnen wird er aus der Muskateller-Rebe. Woher die Trauben stammen? Irgendwo aus Spanien. Zuerst wird ganz normal Wein erzeugt und ihm dann – möglichst schonend – der Alkohol wieder entzogen. Dadurch hat der Wein (trotz rund 40 Gramm Restzucker pro Liter) auch nur halb so viel Kalorien wie vergleichbarer »normaler« Wein. Wobei der Natureo natürlich rechtlich gar kein Wein ist. Die wichtigste Frage ist: Schmeckt er trotzdem wie ein Wein? Die Antwort: jein. Man merkt schon, dass etwas anders ist. Aber je kälter man ihn serviert, desto weniger. Also unbedingt kühlschrankkalt servieren.

Die Muskateller-Traube ist eine geniale Wahl für einen alkoholfreien Wein, hat sie doch so viele Aromen zu bieten: Rose, Birne, Banane und Limette. Am Gaumen saftig und erfrischend, mit kurzem, aber angenehmem Finale. Der Natureo ist ein Klassiker im Segment der alkoholfreien Weine, das in letzter Zeit einen kleinen Boom erlebt. Es muss nicht immer alkoholfreies Bier sein!

www.torres.es | €

TORRES
0,0%
DE-ALCOHOLISED
PIONEERS IN DE-ALCOHOLISED WHITE
NATUREO
– De-alcoholised –
MUSCAT
TORRES

96_Land unter

Sea Passion No. 6 Vino Submarino Tempranillo

Es war eine Sensation, als Olaf Lühring 2014 aus der Nordsee, rund 100 Kilometer vor der Küste, Weinflaschen aus einem Wrack bergen konnte. Aus 30 bis 40 Metern Tiefe barg er mehr als 300 Jahre alte Flaschen – wohlgemerkt unversehrt. Zwischen 1660 und 1700 sollen sie erzeugt worden sein.

Immer wieder mal stoßen Wracktaucher auf alte Weinflaschen, und fast immer stellt sich bei der Verkostung heraus, dass der Wein sich wahnsinnig gut gehalten hat. Viel besser, als es an Land zu erwarten gewesen wäre. Erklärt wird dies mit den gleichmäßig kühlen Temperaturen am Meeresgrund, der Dunkelheit und der leichten, aber konstanten Bewegung. Weingüter versenken deshalb manchmal Flaschen, Fässer oder Amphoren für einige Zeit ins Meer oder in Seen. Die Crusoe Winery ist das erste Weingut, das sich komplett dieser Lagerung verschrieben hat. Deshalb hat der Betrieb 2019 sogar eine internationale Konferenz zum Thema veranstaltet. Die Crusoe Winery aus Bilbao versenkt Flaschen in großen Metallgitterkästen in der Bucht von Plentzia vor der Küste des Baskenlands. Die große Frage ist natürlich: Wie verändert die Meereslagerung den Geschmack? Die Crusoe Winery sagt, die Farbe werde intensiver, der Wein komplexer, seidiger, frischer. Wunderbar testen kann man das, indem man ein Paket mit zwei Flaschen desselben Weins kauft, von denen eine an Land und eine unter Wasser gelagert wurde – letztere ist wunderbar daran zu erkennen, dass sich an der Flasche etliches abgelagert hat.

Über die genaue Herkunft der No. 6 hüllt man sich in Schweigen, aber der Tempranillo reift sechs Monate in französischen Holzfässern und 15 Monate am Meeresgrund. Geliefert wird er in einem Schmuckkarton, den ein japanischer Künstler gestaltet hat. Ein vinologisches Experiment, nicht billig, aber außergewöhnlich. Wobei die Weinqualität weniger im Zentrum steht als die im wahrsten Sinne bewegte Geschichte.

www.underwaterwine.com | Shop www.vincent-becker.de | €€€€€

Sea Passion
Nº6
by
CRUSOE TREASURE
Sea Passion
by
CRUSOE TREASU
UNDERWATER WINERY
Nº6
VINO TINTO - RED WINE
vino es fruto de lo mejor de la tier
Ambos mundos se ven reflejac
moldeados con todo el esfuerzo
equipo de Bodega Crusoe Trea
This wine is the result of what the land
The best of both worlds are
which has been created with
effort by the Bodega Crusoe Treasu
Enologist: Dr. Antonio T. Palac
BOTTLES LIMITED EDIT
R.E. 22/40-951-HU C.P
CRUSOE TREASURE S.L. PRODUCT
crusoetreasure.com visitplentzi
SULPHITES - CONTIENE SULFITOS

97_Weinbau extrem

Negramoll

La Palma ist eine beliebte Kanareninsel für Touristen, die Entspannung suchen. Wer als Winzer Entspannung sucht, sollte dagegen lieber woanders Wein erzeugen. Steile Weinberge, extrem karge vulkanische Böden, heftige Winde und uralte Rebstöcke, die nur wenig Ertrag erbringen und auf bis zu 1.500 Meter Höhe stehen. Die Lese dauert wegen der unterschiedlichen Reife manchmal drei volle Monate! Und als wäre das nicht genug, erhebt sich auf der Insel der letzte aktive Vulkan Spaniens, letztmals brach er im September 2021 aus: der Teneguía.

Trotz all dieser Widrigkeiten kann man die Weine eigentlich nur günstig an Touristen verscherbeln, die viele nötige Handarbeit auf den schwarzen Ascheböden wird nicht wirklich entlohnt. Aber der Weinbau auf La Palma hat auch Trümpfe: Die Reblaus hat es nie bis auf die Insel geschafft, und alle Rebstöcke sind wurzelecht. Weniger als zwanzig Winzer bewirtschaften rund 600 Hektar Weinberge. Die beste Winzerin – und die einzige, die international für Furore sorgt – ist Victoria Torres Pecis.

Negramoll, auch bekannt als Tinta Negra Mole oder die »Schwarze Samtige«, ist die am weitesten verbreitete und somit typischste Rebsorte der Insel. Victoria Torres Pecis erzeugt daraus einen faszinierenden Wein, dessen Trauben aus verschiedenen Ecken La Palmas kommen. Sie werden mit den Füßen in hölzernen Lagares (Vergärungsbecken) eingemaischt oder »getroddelt«. Ausgebaut wird der Wein über zehn Monate in gebrauchten Fuderfässern aus Kastanienholz oder amerikanischer Eiche, französischen Tonneaux oder im Stahltank – je nachdem, was Sinn macht, ganz undogmatisch.

In einer Blindprobe würde manch einer wohl vermuten, dass der enorm duftige Negramoll von Victoria Torres Pecis von der Nord-Rhône stammt oder dass es sich um einen Blaufränkisch handelt. Dabei ist der ebenso saftige wie kühle Wein ganz eigen, vom faszinierenden Terroir La Palmas geprägt.

www.facebook.com/matiasitorres | Shop www.weinamlimit.de | €€

NEGRAMOLL

98_Quak

Jonty's Ducks – Pekin White

Sie werden keine Schnecken auf diesem Estate der Avondale Winery in Paarl finden, der Weinregion, die direkt nördlich an das berühmte Stellenbosch grenzt. Dafür viele Enten, in deren Mägen sich vermutlich etliche Schnecken befinden. Im Frühling und Frühsommer sind die Schnecken nämlich ein echtes Problem. Statt ihnen mit der chemischen Keule an den Kragen zu gehen, hat sich Jonathan »Jonty« Grieve tierische Unterstützung geholt. Mit einem »Entenmobil« wird die Schar der Enten in den jeweiligen Weinberg gefahren, und dann stürzen sie sich geradezu in die Arbeit, denn Schnecken sind für sie eine Delikatesse. Beide Tierarten finden sich auf dem Etikett, und auch der Name nimmt auf sie Bezug: »Jonty's Ducks – Guardians of the Vines«. Noch eine Information findet sich, auch wenn man sie eventuell nicht direkt wahrnimmt. Denn auch der Name der Entenart ist abgedruckt: Pekin (nicht Peking). Das »White« dahinter bezieht sich auf die Farbe des Weins, nicht der Enten. Der Rotwein heißt entsprechend Pekin Red, es kommen aber keine roten Enten zum Einsatz.

Das Ganze ist nicht nur ein Marketing-Gag, sondern Teil eines ökologischen Gesamtkonzepts. Sowas garantiert natürlich nicht, dass der Wein schmeckt, aber das tut er. Hauptsorte ist Chenin Blanc, dem Roussanne, Viognier und Sémillon aromatisch spannend zuarbeiten. Vinifiziert mit Ganztraubenpressung, Spontangärung und einem halben Jahr auf der Hefe. Dabei kommt die Bâtonnage-Methode zum Einsatz, was bedeutet, dass die Hefe aufgerührt wird, wodurch der Wein ein cremigeres Mundgefühl erhält. Ein Teil des Weins wird im Stahltank ausgebaut, ein anderer in gebrauchten 600-Liter-Eichenfässern – ersteres sorgt für Frische, letzteres für nussigere und reifere Aromen. Im Aroma finden sich neben weißen Blüten auch Pfirsich, Ananas, Vanille und etwas Honig. Bei Tisch ist er ein ziemlicher Allrounder. Passt sogar zu Schnecken.

www.jontysducks.com | Shop www.moevenpick-wein.de | €

ORGANIC
WINE
www.avondalewine.co.za
JONTY'S DUCKS
GUARDIANS OF THE VINES
PEKIN WHITE
WINE OF ORIGIN PAARL
SOUTH AFRICA
AVONDALE

99_Geisterwein

The Bowline

Das südlichste Weingut Südafrikas findet sich an einer Stelle, die von Geistern heimgesucht werden müsste – falls die Seelen von Seemännern nach dem Tod an Land gehen. Mehr als 130 Schiffswracks wurden vor der Küste der südlichsten Spitze Südafrikas gefunden. Die Gewässer sind gefährlich, Kompasse zeigen keine Abweichung zwischen magnetischem und geografischem Norden (was man zur Standortberechnung benötigt), und in dunklen, stürmischen Nächten ist es fast unmöglich zu navigieren. Bei diesem südlichsten und für die Seefahrt bei Weitem gefährlichsten Punkt handelt es sich nicht um das berühmte »Kap der guten Hoffnung«, sondern um den sogenannten »Ghost Corner« bei Kap Agulhas.

Das nach diesem Ort benannte Weingut ist das südlichste des Landes und damit des Kontinents. In Europa heißt »südlich« automatisch »heißer«. In Südafrika verhält es sich anders, und die Ghost Corner Winery liegt in einer Cool-Climate-Region, auch wegen der Winde aus der Antarktis. Hinter dem Gut steckt David Nieuwoudt, ein Experte für Cool-Climate-Weine. In Cederberg bepflanzte er mit der gleichnamigen Winery die höchsten Weinberge Südafrikas. Bei Ghost Corner setzt er auf Rebsorten, die besonders für kühles Klima geeignet sind, wie Sauvignon Blanc oder Sémillon.

Der »Bowline« (bedeutet: »Palstek-Knoten«) ist eine Cuvée dieser beiden Rebsorten und damit eine Besonderheit in Südafrika. Rote Bordeaux-Blends sind weit verbreitet, weiße dagegen eine Seltenheit. Wie großartig sie hierher passen, zeigt der Bowline mit seinen Aromen von frischer Feige, die vom Sémillon (mit 40 Prozent der Juniorpartner) stammen, und von Holunder sowie reifem Spargel, für die Sauvignon Blanc verantwortlich zeichnet. Die Trauben für die Cuvée werden am frühen Morgen gelesen, mittels Trockeneis auf acht Grad Celsius gekühlt und mit Kohlendioxid vor Sauerstoff geschützt – modernstes, extrem intelligentes Winemaking.

www.ghostcornerwines.com | Shop www.tesdorpf.de | €€€

DAVID NIEUWOUDT
GHOST CORNER
THE BOWLINE
DOUBLE GOLD

100 Napoleons letzter Tropfen

Vin de Constance

Der berühmte Vin de Constance aus der südafrikanischen Weinregion Constantia (nur 20 Kilometer von Kapstadt entfernt) soll der Sterbetrunk Napoleons gewesen sein, der ihn alljährlich kistenweise nach Sankt Helena verschiffen ließ. Auch Friedrich der Große, Ludwig XVI., Marie Antoinette sowie die amerikanischen Gründerväter George Washington und John Adams tranken den berühmten Südafrikaner, den Baudelaire in seinem Gedicht »Sed non satiata« mit den Verlockungen der Liebe und des Opiums vergleicht.

Aber weil Süßwein nicht mehr so gefragt war und die Reblaus erbarmungslos zuschlug, wurde er gut hundert Jahre lang nicht produziert. 1986 machte sich das wunderschöne Weingut Klein Constantia daran, den Wein wiederzubeleben (auch Groot Constantia produziert mittlerweile einen vergleichbaren Wein). Das bedeutet natürlich erst einmal herauszufinden, wie er ehedem erzeugt wurde. Man beugte sich über alte Aufzeichnungen und wählte einen Muscat-de-Frontignan-Klon aus, von dem angenommen wird, dass er aus dem ursprünglichen Bestand stammt, den der erste Kommandeur des Kaps, Jan van Riebeeck, in den 1650er Jahren gepflanzt hatte. Die Trauben reifen rund zehn Kilometer vom Ozean entfernt, nahezu konstant weht eine Meeresbrise. Gelesen werden sie im März, wenn sie am Weinstock eingetrocknet, also rosiniert sind. Aber nicht, wie in Deutschland bei edelsüßen Weinen üblich, botrytisiert. Die Lese findet stets in den frühen Morgenstunden statt, wenn die Trauben die kühlste natürliche Temperatur haben. Es geht um den Erhalt von Frische. Nach der Gärung reift der Vin de Constance drei Jahre in einer sehr ungewöhnlichen Kombination aus 50 Prozent neuer französischer und ungarischer Eiche sowie französischem Akazienholz – und zwar auf der Vollhefe.

Abgefüllt wird er nur in Magnums und in Halbliterbuddeln, die den alten mundgeblasenen Constantia-Flaschen ähneln.

www.kleinconstantia.com | Shop www.currypremiumwines.de | €€€€

KLEIN
CONSTANTIA
1685
Vin de Constance
2015
Natural Sweet Wine
WINE OF SOUTH AFRICA

101_45 Grad im Schatten

Treinspoor

Hundert Kilometer von Kapstadt entfernt – das ist im südafrikanischen Weinbau eine Welt. Und so weit entfernt liegt das Swartland, eine Region, die sich nördlich vom Kap von der Küste bis zu den Bergen ins Landesinnere erstreckt. Der Afrikaans-Name bedeutet »Schwarzes Land«, weil sich der allgegenwärtige Nashornbusch bei Regen dunkel verfärbt und das ganze Land in Schwärze taucht – ein echtes Naturschauspiel. Aber eigentlich ist die Gegend verdammt trocken und heiß (manchmal 45 Grad im Schatten), und um die Weine von hier kümmerte sich seit Ewigkeiten kaum jemand. Meist wurden sie mit Tropfen aus anderen Regionen verschnitten.

Das hat sich geändert, heute ist eine sehr dynamische, individuelle, exzellente Winzerszene am Werk. Als Lichtgestalt gilt Eben Sadie, der viele Winzer inspiriert und ausgebildet hat. In Deutschland, Österreich, Italien, den USA und Frankreich sammelte er Erfahrungen, bei »The Spice Route« wurde er zum Spitzen-Weinmacher (wobei er das Wort überhaupt nicht mag), 1999 gründete er sein eigenes Weingut. Sadie gehört zur Weltklasse, seine Parzellen sind in einem Umkreis von 60 Kilometern verstreut, er will nur die besten und ältesten – und verzichtet trotz der Trockenheit auf künstliche Bewässerung.

Sein »Treinspoor« stammt von einer sehr ungewöhnlichen Rebsorte: Tinta Barocca, eine der großen Rebsorten des Portweins, die fast ausschließlich in Portugal zu finden ist. Der Weinberg mit kleinwüchsigen Bush Vines steht ganz in der Nähe einer Eisenbahnlinie, auf Afrikaans: »Treinspoor«.

Die Trauben werden in einer alten Korbpresse gekeltert, dann elf Monate in gut 30 Jahre alten Holzfässern ausgebaut. Der ungemein kraftvolle Wein ist enorm würzig, viele Kräuter finden sich im Bouquet, dazu Pflaume. Und richtig viele Tannine, darum sollte man ihn erst mal ein wenig reifen lassen – mindestens zehn Jahre. Es lohnt!

www.thesadiefamily.com | €€€

DIE OUWINGERDREEKS
TREINSPOOR
WYN VAN OORSPRONG SWARTLAND
DIE SADIEFAMILIEWYNE (EDMS.) BPK.
750 ml
13.5 % alk.

102 Süß als trocken

Moric Somlo

Beim Namen Moric denkt man in der Weinszene vor allem an grandiose Blaufränkische, die Roland Velich, der sein Gut 2001 gründete, im Burgenland erzeugt. Velich war immer schon ein Winzer mit Visionen und Weitsicht – die auch in die Vergangenheit blickt. Die Weinkultur Österreichs ist eng mit der Ungarns verbunden. Das heutige Burgenland wurde einst Deutsch-Westungarn genannt, und im heutigen Nachbarland Ungarn werden einige großartige Weine erzeugt, international berühmt ist das Land aber eigentlich nur für seine süßen Tokajer. Es gab also vinologische Schätze zu bergen, und genau das macht Roland Velich mit seinem Projekt »Hidden Treasures«. Dafür kooperiert er mit Spitzenwinzern in zu Unrecht unbekannten Regionen Ungarns und produziert hochspannende Spitzenweine.

Wie den Somlo. Er stammt aus der Region Nagy-Somló, die nur gut 550 Hektar Weinberge aufweist. Der namenstiftende Somló ist ein Vulkankegel in der Ebene neben Tokaj – zurzeit einer der Hot-Spots der ungarischen Weißweinszene.

Furmint ist die Rebsorte, der Velich mit diesem Wein huldigt, mal rebsortenrein, mal in einer Cuvée. Und es ist die Rebsorte, die in den letzten Jahren für eine Revolution gesorgt hat. Als Rebsorte des süßen Tokajers hatte sie kaum jemand für trockene Weine auf dem Schirm – bis auf sehr wenige engagierte Winzer. Vergleichen kann man sie am ehesten mit der Chenin-Blanc-Traube: trocken ausgebaut nicht in erster Linie fruchtig, sondern eine Rebe, die den Weinen Struktur verleiht. Eine natürliche Kreuzung aus Heunisch und Alba Imputotato, weist Furmint häufig einen feinen Duft nach weißen Blüten auf, manchmal auch nach Zitrusfrüchten oder Äpfeln. Roland Velichs charaktervoller Somlo bietet aber auch rauchige Noten, die vom Vulkanboden stammen. Er ist wunderbar trocken und zupackend, ohne auch nur eine Spur karg zu schmecken. Österreichisch-ungarische Freundschaft par excellence!

www.moric.at | Shop www.weinundglas.com | €€

NR2
HIDDEN TREASURES/
A MORIC PROJECT
SOMLO
SOMLÓI
FEAT. KIS TAMÁS
TARTALMAZ/CONTAINS SULPHITES
TERMELTE ÉS PALACKOZTA/PRODUCER
HRSZ. 2606
MAGYAR TERMÉK/PRODUCT OF HUNGARY
SZÁRAZ, FEHÉR OLTALOM
ALATT ÁLLÓ
EREDETMEGJELÖLÉSŰ BOR
WWW.MORIC.AT
750 ML

103 Ein Bauernhof mit Wein

Foam Vulkán

Früher war der Gemischtbetrieb in vielen Weinregionen üblich. Neben Wein erzeugte man Obst und Gemüse, und auch ein bisschen Viehwirtschaft war nicht ungewöhnlich. Heute sind dagegen nahezu allen Spitzenweingüter echte Spezialisten. Eine Ausnahme bildet die Familie Michlits. Trotz einer Größe von rund 2.000 Hektar ist ihr Weingut Meinklang ein Familienbetrieb, und zwar nicht irgendeiner, sondern Mitteleuropas größter biodynamischer Familienbetrieb.

Das Gut in der Puszta, am tiefsten Punkt Österreichs, direkt an der Grenze zu Ungarn gelegen, hält Rinder (Angus und Aubrac), Pferde, Schweine (Mangalica), Schafe und ein paar Hühner. Die Rinder werden in kleinen Herden gehalten, in denen jeweils ein Stier für die natürliche Fortpflanzung sorgt. Großer Wert wird auch auf eine lange Bindung zwischen der Mutterkuh und den Kälbern gelegt. Neben weitverbreiteten Getreiden wie Hafer oder Roggen werden auch alte Sorten wie Einkorn, Emmer oder Kamut angebaut. Und auch einen Apfelgarten mit Topaz nennt die Familie ihr Eigen. Sie sehen Landwirtschaft als großes Ganzes: »Wenn es gelingt, die einzelnen Bereiche zu einem zusammenhängenden Ganzen zu formen, wenn die einfachen, kargen Weiden die gleiche Bedeutung für den Hof haben wie die gepflegten Weingärten, dann entsteht ein Organismus, getragen von schöpferisch gestaltenden Menschen, deren Arbeit ihr Leben ist.«

Dieser Pét Nat, also ein leichter, natürlicher Schäumer, stammt aus Nagy-Somló, dem mit rund 550 Hektar kleinsten Weinbaugebiet Ungarns rund um den erloschenen Vulkan gleichen Namens. Die beteiligten Rebsorten sind Jufahrk (was so viel bedeutet wie »Lämmerschweif«) sowie Hárslevelü (»die Lindenblättrige«). Ein herrlich saftiger Spaßtropfen, der nach Traubenmost und Kräuterwiese duftet und für kleines Geld zu haben ist. Ungeschwefelt, unfiltriert und ungeschönt. Kalt trinken! Und Vorsicht beim Öffnen!

---

www.meinklang.at | Shop www.weinkombinat.com | €

MEINKLANG
Foam Somló

104 Der Wein der Könige

Tokaji Aszú »3 Puttonyos«

Schon der französische Königshof und der russische Zarenhof schworen auf Tokajer. Dank Reblaus, Krieg und Kommunismus ging es aber steil bergab. Erst seit der Privatisierungswelle in den 1990er Jahren führte der Weg zurück zum Ruhm für die vulkanische Hügellandschaft, die klimatisch für die Bildung von Nebel im Herbst günstig ist – und damit für die Edelfäule Botrytis cinerea, die für die Erzeugung edelsüßer Weine benötigt wird. Einer der ausländischen Investoren war das legendäre spanische Weingut Vega Sicilia. Der Stil der Region änderte sich, die Fasslagerung wurde verkürzt und der Geschmack des vormals deutlich oxidierten Weins ging Richtung Frucht, oder, um in Weinstilen zu sprechen: von Sherry zu Sauternes.

Die Herstellung des Tokaj Aszú unterscheidet sich sehr von anderen berühmten Süßweinen. Zu einem sehr alkoholischen Grundwein, der aus nicht edelfaulen Trauben hergestellt wird, werden Bütten (Puttony, Fassungsvermögen 25 Kilogramm) von edelfaulen Trauben gegeben, die zu einer teigartigen Masse geknetet werden. Der Wein reift bis zu drei Jahre in Gönc-Eichenfässer (mit nur 136,5 Liter Fassungsvermögen) und Szerednye-Fässern (220 Liter). Sie werden nur zu rund vier Fünfteln gefüllt, wodurch sich über dem Wein ein Hefeflor bildet, der vor Sauerstoff schützt.

Es gibt Aszú mit bis zu sieben Bütten je Gönc. Und als wäre das nicht schon kompliziert genug, gibt es auch noch »Eszencia«, die nur aus dem Vorlauf von ungepressten (!) edelfaulen Trauben entsteht. Allein durch das Eigengewicht der übereinandergeschichteten Trauben bildet sich etwas Saft am Boden, der vergoren wird. Außerdem gibt es noch die Weintypen Aszúeszencia, Fordítás, Máslás und Szamorodni. Herrlich kompliziert!

Der »3 Puttonyos« von Oremus ist der ideale Einstieg in die faszinierende Welt des Tokajers. Goldfarben, nach Honig, Birnen und Orangenschalen duftend, ist er saftig und betörend.

www.temposvegasicilia.com | Shop www.weinwolf.de | €€€

OREMUS
OREMUS
Vinum Regum Rex Vinorum
OREMUS
TOKAJI ASZÚ
3 PUTTONYOS
TEMPOS Vega Sicilia

105 Aus sehr alt mach sehr neu

Cuvée Tricollis fehér

Manchmal muss es einfach ein Superlativ sein. Das älteste Weingut der Welt ist nicht, wie viele vermuten, das Stift Klosterneuburg, welches sich mit seinem Gründungsjahr 1114 »nur« als ältestes Weingut Österreichs bezeichnen kann. Deutlich früher wurde in der Abtei Pannonhalma im Westen Ungarns mit Weinbau begonnen, und zwar 996, als sich Benediktinermönche auf dem heiligen Berg der Region ansiedelten, ungefähr auf halben Weg von Wien nach Budapest. Viele Jahrhunderte lang hatte es Vorbildfunktion für die Region, pausierte zwar in der Türkenzeit (1526–1699), überstand aber später sogar die Reblausplage größtenteils unbeschadet. Der Kommunismus war ein anderes Kaliber – und der Weinbau kam fast zum Erliegen. Doch die 1996 als UNESCO-Weltkulturerbe geadelte Abtei erholte sich nach dessen Ende wieder und ist heute mit 50 Hektar das größte Weingut in der kleinen Weinregion.

Falls Sie Mönche vor Ort erwarten, werden Sie enttäuscht sein. Sie machen hier keinen Wein mehr, stattdessen wurde die neue, ultramoderne Kellerei in Zusammenarbeit mit der ungarischen Winzerlegende Tibor Gál konstruiert und 2003 größtenteils in den Berg gebaut – mit einer stattlichen Gesamthöhe von 38 Metern! Nichts muss gepumpt werden, der Wein wird schonend mittels Gravitation bewegt.

Die Weinlinie »Tricollis« ist nach den drei Hügeln benannt, auf welche sich die Klosteranlage verteilt. Der Weißwein wurde kühl vergoren, um seine Fruchtnoten herauszukitzeln. Für Lagerung ist der günstige und einfache Tropfen aus dem Basissortiment nicht gemacht, je jünger und frischer, desto mehr Spaß macht er. In der Cuvée finden sich Welschriesling, Riesling, Gewürztraminer und Pinot Blanc. Insgesamt hat die Abteikellerei einen Mix aus regionalen Sorten und internationalen Stars. Ein Pfund sind die vielfältigen Böden, ob kalkhaltiger Löss, Sandstein oder Tonerde: alles vorhanden!

www.apatsagipinceszet.hu | Shop www.weingenuss-aus-ungarn.de | €

PANNONHALMI
F·Ő·A·P·Á·T·S·Á·G
A.D. 996
Et vinum lætificet cor hominis
Tricollis

106_Der Wein der Generäle

Bedrock

Dieser Wein ist flüssige kalifornische Weingeschichte. Gepflanzt haben ihn die Nordstaaten-Bürgerkriegsgeneräle William Sherman und Joseph Hooker im Jahre 1888 in einem sandigen Flussbett. Ein unglaublicher Zeitzeuge. Insgesamt 27 Sorten finden sich in ihm, wild durcheinander, ein sogenannter gemischter Satz. Weine von solchen Weingärten fallen jedes Jahr deutlich unterschiedlich aus, weil die Reife der einzelnen Rebsorten sich zum Teil stark unterscheidet. Das ist auch bei diesem Wein der Fall, aber nicht so extrem, weil Zinfandel mit rund 55 Prozent den größten Anteil stellt und den Ton in diesem wunderbar würzigen Wein mit feinen Nelkenaromen angibt, von dem es in der Regel pro Jahr weniger als 1.000 Flaschen gibt, manchmal auch nur 500. Weitere wichtige Rebsorten sind Carignan (15 Prozent) und Mataro (zehn Prozent) – und dann gibt es noch den ganzen Rest: Mission, Petite Sirah, Syrah, Tempranillo, Trousseau Noir …

Der ungewöhnliche Name »The Fog Monster« wurde durch den starken Einfluss inspiriert, den der vom Pazifik kommende Nebel auf die Weinberge an der kalifornischen Küste hat. Er ist unglaublich wichtig, bringt er doch Kühle in die warmen Weinberge. Deswegen stand er nicht nur Pate für den Namen des Weingutes, sondern ist auch auf den wunderschönen Flaschen-Etiketten zu bewundern.

Obwohl dieser Wein hundertprozentig kalifornisch ist, könnte man sagen, dass er auch ein klein wenig südafrikanisch ist. Denn hinter dem Wein stehen Andrea und Chris Mullineux, die in Swartland fantastische Weine produzieren. Kalifornien ist Andreas Heimat, und bei einem Besuch dort zeigte ihr ein Freund den Weingarten der Generäle – sie verliebte sich sofort. Er gehört Morgan Twain-Peterson, der ihn auch pflegt. Der Bedrock (nach dem Namen des Weinbergs) ist ein großartiger Tropfen, der beweist, wie global Wein mittlerweile gedacht wird. Man spürt beim Bedrock, dass er ein echtes Liebhaberprojekt ist.

www.fogmonsterwines.com | Shop www.weinamlimit.de | €€€€

THE FOG MONSTER

107_Erdbeben-Warnung!

Pinot Noir »San Andreas Fault«

Die San-Andreas-Verwerfung, auch bekannt als San-Andreas-Falte, ist eine der wenigen Plattengrenzen, die auf einem Kontinent verlaufen. Die meisten finden sich am Grund der Ozeane. Rund sechs Zentimeter pro Jahr verschieben sich auf einer Länge von beeindruckenden 1.300 Kilometern die Erdkrusten der Nordamerikanischen und der Pazifischen Platte. Erdbeben sind keine Seltenheit, und die Bodenverhältnisse sind geradezu chaotisch. Das Gleiche gilt für das Wetter: Temperaturen, Feuchtigkeit, Stürme – jedes Jahr ist anders.

Genau hier, auf einem Bergrücken, drei Meilen vom Pazifik und eine Meile von der Verwerfung entfernt, findet sich seit 1980 Hirsch Vineyards. Und genau dieses Chaos, das man auch als beeindruckende Komplexität bezeichnen kann, wollen sie mit ihren Weinen einfangen. Da sie in einer kühlen Gegend der Sonoma Coast beheimatet sind, setzen sie auf Cool-Climate-Grapes, nämlich Chardonnay und Pinot Noir. Die Versuche mit Riesling haben sie dagegen mittlerweile eingestellt.

Fast 70 einzelne, spektakulär zwischen den regenwaldähnlichen Redwood-Wäldern liegende Parzellen bewirtschaftet die Hirsch Family – und das aufwendig biodynamisch. Noch irrer ist, dass alle Parzellen einzeln ausgebaut werden – eine Heidenarbeit! Und auf dieser Basis Cuvées zu kreieren, ist eine komplizierte Puzzle-Arbeit, bei der Handwerk zu großer Kunst wird.

Der »San Andreas Fault« ist ihr Signature oder Flagship Wine und besteht aus Trauben von etlichen Parzellen. Ein Tropfen, der Burgunder-Fans begeistert, weil er so transparent in der Aromatik, so leichtfüßig und so frisch ist. Meist niedrig im Alkohol, finden sich im Bouquet komplexe Beerendüfte und ein Hauch Nelke. Am Gaumen beeindruckt er mit seiner delikaten Art und seidigen Gerbstoffen. Der Holzeinsatz ist aufgrund gebrauchter Barriques zurückhaltend. Kurz: ein faszinierender Pinot Noir!

---

www.hirschvineyards.com | €€€€

HIRSCH VINEYARDS
PINOT NOIR
2018
SAN ANDREAS FAULT
SONOMA COAST
ALC. 12.9% BY VOL.

108 Seltene Blüte

Orange Muscat »Essensia«

Dieser Wein stammt aus dem Central Valley. Aber lassen Sie sich von dem Wort Valley nicht täuschen, denn wie ein Tal wirkt die Region nicht wirklich. Sie ist eine der produktivsten landwirtschaftlichen Regionen der Welt, bis in die 1990er Jahre überstieg ihre Produktion die von China. Vor allem wird billiger Massenwein erzeugt. Auch die Ernest & Julio Gallo Winery findet sich hier, der größte Weinproduzent der Welt. Wenn Sie also auf der Suche nach Winzerromantik sind, bleiben Sie dem Valley lieber fern. Die Quady Winery ist optisch auch kein Grund hinzufahren. Der Wein aber sehr wohl.

Süßweine sind in der Regel relativ teuer. Aber der Orange Muscat »Essensia«, dessen Name auf einen der berühmtesten Süßweine der Welt anspielt, ist ein wirklich günstiger Spaß, den man sich nicht entgehen lassen sollte. Die Quadys sind Spezialisten für Weine der Muscat-Familie. Muskateller ist eine der ältesten Rebsorten der Welt. Früher wurden unzählige Varianten angebaut, von denen heute viele verschwunden sind. Zu den sehr seltenen Spielarten zählt der Orangenblüten-Muskateller (in Italien als Moscato Fior d'Arancio bekannt) – mit seinem Duft nach kandierten Orangenschalen. Aber auch Aprikosen, Honig, Birnen und kandierte Pekannüsse finden sich im Bouquet. Ein geradezu genialer Begleiter für alles Schokoladige, Käsekuchen und Blauschimmelkäse.

Die Gärung des Weins wird wie beim Port durch die Zugabe von Alkohol gestoppt. Alkohol hat er in der Regel auch ordentlich, nicht zu vergleichen mit den feingliedrigen, edelsüßen Weinen aus Deutschland. Noch etwas ist ungewöhnlich bei Quadys Süßweinen: Sie lassen die Trauben vor dem Pressen in Kältekammern dehydrieren, um den Zuckergehalt zu konzentrieren. In Deutschland undenkbar, in den USA gibt es da keine Berührungsängste. Der Wein ist nahezu komplett auf seine Frucht gebaut, daher nicht reifen lassen, sondern jung genießen.

www.quadywinery.com | €

ESSENSIA
Arikson '81
California Orange Muscat
sweet dessert wine
vintage
Produced & Bottled by
Andrew Quady, Madera, California
15% Alc./Vol. ~ 375ml
L1706

109_Ohne Klapperschlangen

Zinfandel »Geyserville«

»Beware of Rattlesnakes« steht am Eingang zum Tasting Room von Ridge Vineyards. Kaum vorstellbar, dass hier einer der größten Weine der Welt hergestellt wird, aber genau das ist der Fall. Ihr »Monte Bello« ist eine Legende, errang beim berühmten »Judgement of Paris« den fünften Rang und verwies viele französische Spitzenweine in die Schranken.

Beim 30-jährigen Jubiläum dieser Vergleichsprobe kamen alle Weine nochmals verdeckt auf den Tisch. Der Sieger: Monte Bello. Er wird größtenteils aus Cabernet Sauvignon erzeugt. Ridge stellt aber vor allem großartige Weine aus einer Rebsorte her, der man dies vor Jahrzehnten nicht zugetraut hätte: Zinfandel, in Italien als Primitivo bekannt.

Der großartige und zartschmeichelnde »Geyserville« schmeckt nach schwarzen Beeren sowie dunkler Schokolade und sollte mindestens fünf, besser zehn Jahre reifen. Erzeugt wird er unter anderem mit Trauben, die im ältesten Weingarten, dem »Old Patch«, wachsen. Die Rebstöcke sind älter als 130 Jahre.

Ich schreibe zwar von einem Zinfandel, aber das entspricht nicht ganz der Wahrheit. Der Geyserville ist ein Wein aus einem Mischsatz, im Amerikanischen »Traditional Field Blend« genannt: 71 Prozent Zinfandel, 19 Prozent Carignan, sieben Prozent Petite Sirah und drei Prozent Alicante Bouschet. Alle Trauben werden handgelesen, die Maische wird spontan vergoren und der Wein in luftgetrockneten (!) Fässern aus amerikanischer Eiche ausgebaut. Sie nennen ihren Ansatz »vorindustrielles Weinmachen«, und auf dem Etikett informieren sie ausführlich darüber, was gemacht wurde – beziehungsweise: wie wenig. Präsident Obama ließ auf seinem letzten Staatsbankett übrigens einen Zinfandel von Ridge ausschenken – obwohl das Weingut mittlerweile dem japanischen Konzern Otsuka gehört, der pharmazeutische Produkte und Nahrungsergänzungsdrinks herstellt. Ist Wein ja auch irgendwie!

www.ridgewine.com | €€€

RIDGE
GEYSERVILLE
73% ZINFANDEL, 17% CARIGNANE, 9% PETITE SIRAH,
1% MATARO (MOURVEDRE) SONOMA COUNTY
ALEXANDER VALLEY
GROWN, PRODUCED & BOTTLED BY RIDGE VINEYARDS
18100 MONTE BELLO ROAD, CUPERTINO, CALIFORNIA 95014
WINE OF U.S.A. 750 mL ALC. 14.5% VOL
CONTAINS SULPHITES

110_Die Krönung Kaliforniens

Cabernet Sauvignon »S.L.V.«

Es gibt wohl keine nachhaltigere Erschütterung der Weinwelt als »The Judgement of Paris« am 24. Mai 1976, als der britische Weinkritiker und -händler Steven Spurrier einige der besten Weine Kaliforniens gegen einige der besten Frankreichs antreten ließ, darunter Château Haut-Brion und Château Mouton Rothschild. Neben ihm nahmen an der Blindverkostung namhafteste Verkoster Teil – allesamt mit französischem Pass. Sieger waren nicht – wie zu erwarten gewesen wäre – die Weine der Grande Nation, sondern jene aus den Vereinigten Staaten. Die Franzosen entpuppten sich als schlechte Verlierer, eine Jurorin verlangte ihren Bewertungsbogen zurück, andere sprachen von Betrug, Spurrier wurde eine Zeit lang nicht mehr zu Verkostungen eingeladen, und die französische Presse machte sich eifrig über das Ergebnis lustig.

Es half alles nichts: Die Probe erhob Kalifornien zur Spitzenregion und machte klar, welche Qualität Tropfen aus der Neuen Weinwelt haben konnten. Ohne das Judgement wäre die Entwicklung sowohl diesseits als auch jenseits des großen Teichs anders verlaufen.

Der Gewinner der Rotweinprobe war der 1973er »Stag's Leap Wine Cellars Cabernet Sauvignon« – von dem später eine Flasche ins »Smithsonian National Museum of American History« wanderte. Das »S.L.V.« auf dem Etikett steht schlicht für Stag's Leap Vineyards, den ersten Weinberg des Gutes, 1970 auf vulkanischen Böden angelegt. Die Trauben des Gewinnerweins stammten also von gerade einmal drei Jahre alten Rebstöcken!

Der Wein ist eine Naturgewalt und macht die Kraft der kalifornischen Sonne spürbar. Die herrlich satten Fruchtnoten, vor allem Cassis, sind betörend, dazu gesellt sich Vanille. Stag's Leap erzeugt noch andere fantastische Weine, auch im günstigeren Segment, aber dies ist ihre größte Legende. Das Judgement wurde mehrfach wiederholt – der Stag's Leap schlug sich immer grandios.

---

www.stagsleapwinecellars.com | €€€€€

S.L.V.
STAG'S LEAP WINE CELLARS
S.L.V.
Cabernet Sauvignon
Napa Valley
ESTABLISHED 1970
ESTATE GROWN

111 Für Löwenherzen

Commandaria

Commandaria steht im »Guinness Buch der Rekorde«, als der älteste benannte Wein. Anders ausgedrückt: der älteste Markenwein der Welt. Richard Löwenherz eroberte während des Dritten Kreuzzugs Zypern und ehelichte dort 1191 Berengaria, die Tochter von Sancho VI. von Navarra. Auf seiner Hochzeitsfeier soll er so begeistert von diesem Wein gewesen sein, dass er ihn als »den Wein der Könige und den König der Weine« bezeichnet haben soll. Für den französischen König Philipp II. war er »der Apostel der Weine«. Seine Geschichte reicht 5.000 Jahre zurück, vielleicht begann Europas Weinbau mit ihm.

»Kommende« hießen die Niederlassungen geistlicher Ritterorden, und eine solche hatten die Johanniter in Kolossi errichtet. Die Kreuzritter benannten den Wein nach ihr. Auch als Medizin war er gefragt. Mit drei Alraunenzweigen soll er gegen Gelbsucht helfen – aber nur, wenn man bei der Zubereitung ein besonderes Gebet spricht. Der mythische Stoff wächst auf steinigen, hochgelegenen Hängen (600 bis 900 Meter) im Südwesten der Insel. Die Rebstöcke, die nahe am Boden als sogenannte Buschweine wachsen, dürfen nicht bewässert werden.

Für den Commandaria des 1992 gegründeten Weingutes Aes Ambelis werden zwei Rebsorten verwendet: die rote Mavro (der Name bedeutet »schwarz«), auch als Kypreiko bekannt, sowie die weiße Xynisteri von sehr alten Weinbergen mit ausgesprochen geringem Ertrag. Beides uralte autochthone Sorten, die nach der Lese zwei Wochen lang in der Sonne getrocknet werden. Traditionellerweise geschieht dies auf Strohmatten, was für eine gute Durchlüftung sorgt und Pilzbefall vermeidet. Der vergorene Wein wird aufgespritet und reift für vier Jahre in Fässern. Das Ergebnis ist am ehesten mit einem süßen Sherry vergleichbar, aber trotzdem sehr individuell. Man kann sagen: der Geschmack ist so reichhaltig wie die Geschichte dieses besonderen Weins.

www.aesambelis.com | €€€

AES AMBELIS
commandaria

Carsten Sebastian Henn
111 deutsche Weine, die man getrunken haben muss
ISBN 978-3-7408-0732-0

Pierre Thomas
111 Schweizer Weine, die man getrunken haben muss
ISBN 978-3-7408-1301-7

Daniela Dejnega, Luzia Schrampf
111 Weine aus Österreich, die man getrunken haben muss
ISBN 978-3-7408-0618-7

Martin Roos,
Jean-Claude Bourgueil
111 Orte in der Champagne, die man gesehen haben muss
ISBN 978-3-7408-1084-9

Jens Dreisbach
111 Gins, die man getrunken haben muss
ISBN 978-3-7408-0571-5

Bernd Imgrund
111 Whiskys, die man getrunken haben muss
ISBN 978-3-7408-0242-4

Thomas Fuchs
111 deutsche Biere, die man getrunken haben muss
ISBN 978-3-95451-414-4

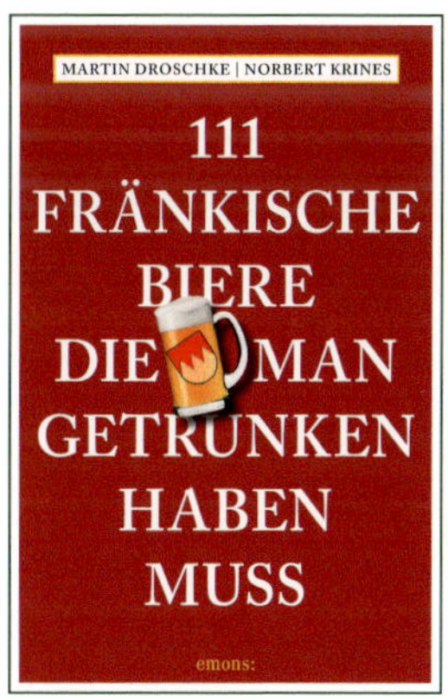

Martin Droschke, Norbert Krines
111 fränkische Biere, die man getrunken haben muss
ISBN 978-3-95451-922-4

Martin Droschke, Norbert Krines
111 deutsche Craft Biere, die man getrunken haben muss
ISBN 978-3-7408-0338-4

Martin Droschke
111 Biere aus Altbayern und Bayerisch-Schwaben, die man getrunken haben muss
ISBN 978-3-7408-1069-6

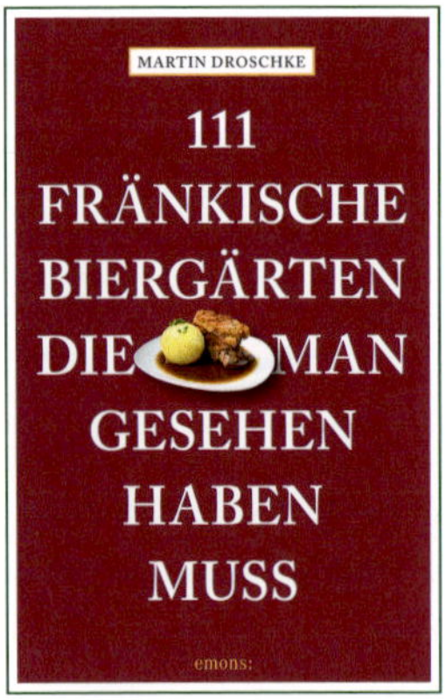

Martin Droschke
111 fränkische Biergärten, die man gesehen haben muss
ISBN 978-3-7408-0851-8

Astrid Süßmuth
111 Almen und Hütten in Oberbayern, die man gesehen haben muss
ISBN 978-3-7408-0823-5

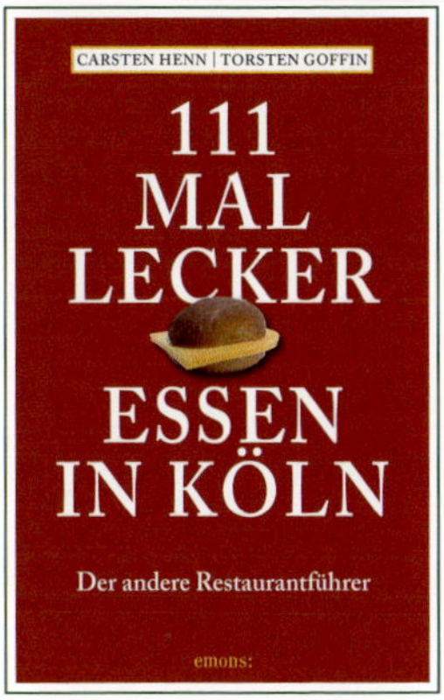

Torsten Goffin, Carsten Henn
111 mal lecker essen in Köln
ISBN 978-3-7408-1181-5

Bernd Imgrund
111 deutsche Wirtshäuser, die man gesehen haben muss
ISBN 978-3-95451-080-1

Gerd Wolfgang Sievers
111 Orte der Wiener Küche, die man erlebt haben muss
ISBN 978-3-95451-337-6

Kirstin von Glasow
111 Coffee Shops in London, die man erlebt haben muss
ISBN 978-3-95451-832-6

Renate Bugyi-Ollert,
Bernhard Horsinka
111 Orte in und um Würzburg die man gesehen haben muss
ISBN 978-3-7408-1343-7

HP Mayer
111 Orte im Rheingau, die man gesehen haben muss
ISBN 978-3-7408-0999-7

Daniel Robbel, Dirk Unschuld
111 Orte im Ahrtal, die man gesehen haben muss
ISBN 978-3-7408-1370-3

Stefanie Jung
111 Orte in Rheinhessen, die man gesehen haben muss
ISBN 978-3-7408-1307-9

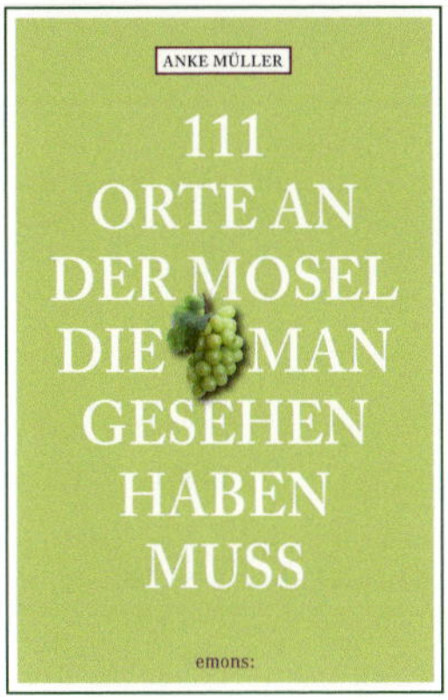

Anke Müller
111 Orte an der Mosel, die man gesehen haben muss
ISBN 978-3-95451-325-3

Peter Bieg
111 Orte in Trier, die man gesehen haben muss
ISBN 978-3-7408-1294-2

Christina Kuhn, Christian Löhden
111 Orte in der Pfalz, die man gesehen haben muss
ISBN 978-3-7408-1192-1

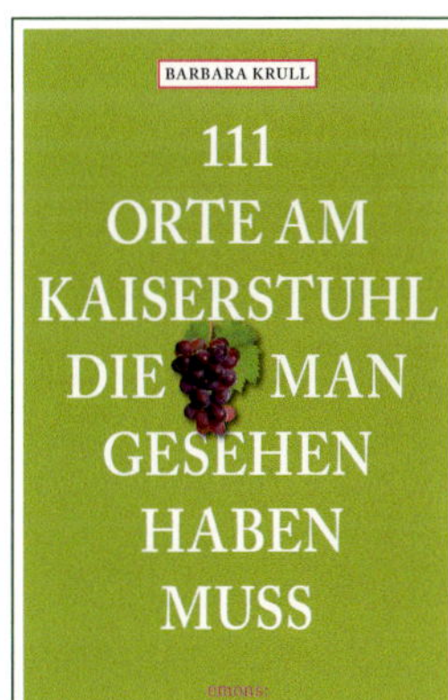

Barbara Krull
111 Orte am Kaiserstuhl, die man gesehen haben muss
ISBN 978-3-95451-562-2

Carsten Henn (geboren 1973) ist nicht nur einer der einflussreichsten Weinjournalisten Deutschlands, sondern schreibt mit den Julius-Eichendorff-Romanen auch die erfolgreichste Weinkrimiserie im deutschsprachigen Raum. Er studierte Weinbau in Australien und erwarb einen uralten Riesling-Weinberg an der Mosel. Sein eigener Wein stammt aus St. Aldegund an der Terrassenmosel. Der Wein trägt den Namen »Cœur De Pirate« (Das Herz des Piraten), aufgrund der verwegenen Steilstlage in der er wächst. Es gibt jährlich nur wenige Hundert Flaschen, und man kann ihn ausschließlich auf seiner Webseite erwerben: www.weinentdeckungsgesellschaft.de.

Tobias Fassbinder, geboren 1988 im Herzen von Köln, ist seit 2009 ganz nach dem Motto »Mach glücklich, was dich glücklich macht« in den Bereichen Werbe- und Peoplefotografie tätig. Er liebt es, Ideen nach seinen Vorstellungen zu realisieren. www.tobias-fassbinder.com